D1729304

APFELWEIN 2.0

INGRID SCHICK | ANGELIKA ZINZOW

APFELWEIN 2.0

INNOVATIV | EDEL | VIELFÄLTIG

Inhalt

Vorwort 7

Die neue Apfelweinszene 11
Benedikt Kuhn und Kjetil Dahlhaus, BEMBEL-WITH-CARE 13
Bernd Gerstacker und Christiane Walter, most of apples 17
Jens Becker, Frankfurter Apfelweinhandlung 21

Rohstoff Apfel 23
Das Bio tobt auf der Streuobstwiese 25
Harald Elm, Kelterei Elm 27
Rainer und Peter van Nahmen, Obstkelterei van Nahmen 31
Claudia Schmucker-Arold und Heidi Dimde, Amüs Gäu 35

Sortenvielfalt
Peter Zimmermann, Apfelgut Zimmermann 43

Wie Apfelwein entsteht 47
Apfelwein homemade 48
Andreas Schneider, Obsthof am Steinberg 51
Peter Merkel, Gasthaus Dornrös'chen 55

Apfelweinvielfalt 59
Schöne, neue Apfelweinwelt 60
Stoff für Zoff – Zank um den richtigen Namen 62
Stoff für Zoff 2.0 – Mokanter Wortwechsel im Social Web 63
Jürgen Schuch, Schuch's Restaurant 65
Alexander Pilling, Röttelmisch Hof 69
Wolfgang Schmitt, Apfelgut Schmitt 73
Rudolf Schwab, Allfra Vermarktungsgesellschaft 77

Destillate
Arno Dirker, Edelbrennerei Dirker 83
Gerhard Fritz, Landgasthaus Zum Kreiswald 87
Manfred und Brigitte Weyrauch, Dolleruper Destille 91

Apfelschaumweine
Joachim Döhne, Brennerei und Kellerei Döhne 97
Johanna Höhl, Landkelterei Höhl 101
Rolf und Thea Clostermann, Demeter-Obstplantage Neuhollandshof 105

Apfelweinspezialitäten
Jürgen Krenzer, Rhöner Schaukelterei 113
Jürgen Katzenmeier, Gasthaus zur Freiheit 117
Jörg Geiger, Manufaktur Jörg Geiger 121
Karim Teufel und Guido Jörg, DasEis. 127
Evert Kornmayer 129
Elke Simmel und Karin Huber, Die Seifenmanufaktur 131
Jörg Stier 133

Geheimnis des Geschmacks 135
Message in der Bottle – Das Terroir des Apfelweins 136
Michael Stöckl, ApfelWeinBistrorant Landsteiner Mühle 139
Die Aromen des Apfelweins 142
Kulinarische Dreamteams 144
Wein vom Apfel professionell degustieren 145

Apfelwein in der Spitzengastronomie 147
Michael Kammermeier, Restaurant Ente 148
André Großfeld, Gastraum der Sinne 152
Christoph Rainer, Villa Rothschild 157
Leif Besselmann 161

Rezepte rund um den Apfel 164

Adressverzeichnis 198
Rezeptverzeichnis 202
Zutatenregister 203
Sachregister 205
Die Autoren stellen sich vor 206

Vorwort

Apfelwein? Nicht-Hessen rümpfen schon bei der Erwähnung des sauren Gesöffs die Nase. Den Hessen im Allgemeinen und den Frankfurtern im Speziellen mundet der Wein aus Äpfeln aber wie ambrosischer Nektar. Und in ihrer lokaltypischen Lust am Disput stricken sie eigensinnig an der Legende, sie hätten das „Stöffche" auch erfunden. Stimmt aber nicht! Egal ob Apfelwein, Most oder Viez – an der Ostseeküste wird der Wein aus Äpfeln ebenso gekeltert und ausgebaut wie in Franken, in Thüringen und an der deutsch-französischen Grenze. Wer einen Blick über den Rand des „Bembels" wagt, wird sogar entdecken, dass der Wein aus Äpfeln in der spanischen Provinz Asturien als Sidra Teil der Lebensphilosophie ist. In der Normandie gehört Cidre zur kulinarischen Grundausstattung. Jenseits des Ärmelkanals blickt man auf eine mehr als 300-jährige Cyder-Geschichte zurück. Globetrotter in Sachen Apfelwein werden sogar in Norwegen, in Russland, in Japan und in Kanada Apfelwein in seinen lokaltypischen Ausprägungen finden.

Eine neue, international vernetzte Generation Apfelwinzer ist angetreten, die Qualität des Apfelweins nachhaltig zu verändern. Apfelwein wird sortenrein gekeltert, die Aromenvielfalt verschiedener Apfelsorten geschickt im Cuvée vermählt, die Charakteristik des Terroirs in die Flasche gebannt. Apfelschaumweine werden im traditionellen Flaschengärverfahren auf der Hefe ausgebaut und von Hand gerüttelt, Eisapfelweine von der Streuobstwiese hergestellt. Inspiriert von den individuellen und originellen Produkten, die wir in Hofläden und bei Manufakturen, aber auch bei der „Jahrgangspräsentation Apfelwein im Römer" und unseren Apfelweinexpeditionen entdeckt haben, wurde das etwas andere Buchprojekt zum Apfelwein konkret. Die Produktvielfalt, die geschmacklichen Nuancen des Apfelweins, aber auch die Professionalität und Kreativität der Apfelwinzer, die wir bei unseren Apfelweinrecherchereisen kennenlernen durften, hat uns nachhaltig beeindruckt.

Hinter jedem Wein vom Apfel stehen Menschen mit einer sehr individuellen Philosophie. Und genauso individuell wie die Obstbauern und Apfelwinzer, die wir getroffen haben, sind auch die Produkte, die wir degustiert haben. Die Entrepreneure der Apfelweinszene und ihre Produkte stellen wir in unserm Buch „Apfelwein 2.0" vor. Da gibt's niederrheinischen Demeter-Apfelperlwein, mit Rosenessenz versetzt, Apfelwein mit Quitte, Schaumwein aus dem Saft der Champagner Bratbirne, Apfelsekt nach Methode Champenois, Apfel-Dessertwein aus dem Odenwald, Apfelsherry aus der Rhön, Apfel-Eisweine aus Hessen und Quebec ...

Wer von Apfelwein spricht, muss auch über die 5.000 Apfelsorten sprechen, die es in Deutschland gibt, und die Streuobstwiesen, über das Terroir oder darüber, wie man Apfelwein professionell degustiert. Unser besonderer Dank gilt Andreas Schneider und Michael Stöckl für ihre fachkompetente Beratung zu diesen Themen.

Wir wünschen Ihnen eine genussvolle Lektüre!

Ingrid Schick & Angelika Zinzow

Apfelwein 2.0

» ICH DENKE, BEI DER SORTENVIELFALT UND DEN VERSCHIEDENEN METHODEN UND MÖGLICHKEITEN IN DER HERSTELLUNG WIRD SICH DER APFELWEIN IN DEN QUALITÄTEN UND DER AUSWAHL DEM IMAGE DES TRAUBENWEINS ANNÄHERN. «

JÜRGEN SCHUCH

Die neue Apfelweinszene

Think global, drink local! Die neue Generation der Apfelwinzer verändert das biedere Image des Apfelweins nachhaltig. Die Innovationskraft, die in so manchem dieser experimentierfreudigen Obstbauern, Kellermeistern und Apfelwein-Aficionados steckt, ist beeindruckend. Inszeniert und vermarktet wird der Apfelwein von ihnen in all seinen Spielarten als edles Premiumprodukt aus der Heimat mit außergewöhnlichen Geschmacksfacetten. Die Entrepreneure dieser neuen, international vernetzten Apfelweinszene haben sich von ihren Kollegen weltweit und den Traubenwinzern inspirieren lassen und keltern ihre Apfelweinspezialitäten sortenrein, nach Lage oder als Cuvée in variantenreicher Vielfalt nach bester Winzer-Manier.

Die Äppler-Rebellen

BENEDIKT KUHN UND KJETIL DAHLHAUS, BEMBEL-WITH-CARE
Apfelwein in Dosen

BEMBEL-WITH-CARE ist eine neue, junge Apfelweinmarke, und die beiden Masterheads Benedikt Kuhn und Kjetil Dahlhaus sind die Protagonisten der Apfelweinkultur 2.0. Die beiden sind von Haus aus Designer und haben 2007 die neue Marke kreiert. Zuerst wurde der Bembel mattschwarz gefärbt und ist seither Galionsfigur der Bewegung. Um Bembel und Geripptes herum entwickelten Dahlhaus und Kuhn weitere trendige Merchandising-Produkte wie T-Shirts, Taschen und Postkarten.

Apfelwein reloaded

Mit dem mattschwarzen 5-Liter-Apfelweinfass fand die Äppler-Erfolgsstory ihre Fortsetzung. Der große Durchbruch gelang jedoch im August 2009 mit der Einführung von Apfelwein in 0,5-Liter-Dosen. Damit schreiben die beiden Jungunternehmer Apfelweingeschichte, denn Apfelwein in Dosen ist eine Weltneuheit. Zumindest hat noch kein Apfelweinhersteller zuvor Apfelwein in der Dose zur Marktreife gebracht. Mittlerweile sind die angesagten Dosen („Dosenobst auf Hessisch") in über 1.000 Verkaufsstellen und dem Onlineshop von BEMBEL-WITH-CARE erhältlich, mit stark wachsender Nachfrage. Verkaufsstellen in deutschen Metropolen gibt's in Frankfurt, München und Berlin. Nun müssen auch Exil-Hessen nicht mehr auf dem Trockenen sitzen! Es zeigte sich, dass die Marke BEMBEL-WITH-CARE über genügend kommunikative Sprengkraft verfügt, um die „Apfelweinkultur 2.0" weit über Hessen hinaus in die Welt zu tragen. Dazu nutzen Benedikt Kuhn und Kjetil Dahlhaus auch neue Marketingkanäle im interaktiven Web. Nicht ganz ohne Stolz verweisen sie auf die fantasiereichen Fotos, die BEMBEL-WITH-CARE-Fans in der Galerie ihrer Homepage als Hommage an den Dosen-Äppler einstellen. Fortsetzung 2010: Seit Mai versorgt das Bembel-Mobil die Partygemeinde bei Straßenfesten, Hochzeiten und anderen Events mit „Dosenobst auf Hessisch". Und weil jede Bewegung eine Hymne braucht, steckt der Wurm bei BEMBEL-WITH-CARE nicht im Apfel, sondern im Ohr. Vom „Dosenobst" inspiriert, hat die Comedy-Punk-Band Mr. Twat eine BEMBEL-WITH-CARE-Hymne komponiert und produziert. Den Song gibt es als Gratisdownload in der Bembel-Zone auf der Homepage.

Warum wollten Sie ausgerechnet Apfelwein als Designermarke entwickeln?

Benedikt Kuhn: Ich bin seit jeher begeisterter Apfelweintrinker und musste mich schon immer vor Freunden oder bei Partys rechtfertigen, wenn ich eine Flasche von meinem Lieblingsapfelwein (Beerfurther Schoppe der Kelterei Krämer) auspackte und erklärte, dass das mein Lieblingsgetränk ist. Zugegeben, die braunen 1-Liter-Verbandsflaschen mitsamt ihren aquarellierten Etiketten sind alles andere als zeitgemäß und wirken angestaubt. Von daher waren die Vorbehalte der Nicht-Apfelweintrinker berechtigt. Dennoch ließen sich viele durch den exzellenten, frischen Geschmack überzeugen.

Kjetil Dahlhaus: Ich bin zwar in Hessen geboren, wuchs aber im „Exil" auf. Erst beim Studium in Mannheim lernte ich über meinen heutigen Geschäftspartner Benedikt den Apfelwein kennen und schätzen. So begann die Geschichte von BEMBEL-WITH-CARE an der Hochschule Mannheim, wo wir im Kurs „Werbliches Design" bei Professor Axel Kolaschnik projektbezogen zusammenarbeiteten. Hier sollten wir eine Kampagne/Strategie für eine Firma/Marke unserer Wahl entwickeln, die starke Defizite in ihrer Kommunikation oder ihrem Design aufwies. Da bot sich uns der Apfelwein als Thema geradezu an. Wir definierten das unzeitgemäße Auftreten und Image der großen bestehenden Apfelweinmarken als Grund für die sinkenden Absatzzahlen der Branche: Immerhin hat sich der Pro-Kopf-Verbrauch in den vorangegangenen 10 Jahren von 1,2 Liter auf 0,6 Liter halbiert!

Benedikt Kuhn: Als Hochschulprojekt entwickelten wir daher eine Kampagne, um den Apfelwein aus der Versenkung heraus in ein neues Zeitalter zu transportieren und ihm mit einem neuen Image unter dem Titel „Apfelweinkultur 2.0" zu einem Revival – gerade auch bei jüngeren, szenigen Konsumenten – zu verhelfen. Das Konzept war die Kombination von Tradition und Innovation. Wir wollten kein neues Getränk kreieren, sondern das bestehende lediglich entkernen und aufpolieren.

Wie funktioniert das?

Wir haben zuerst einmal die traditionellen Bembel mattschwarz gefärbt, um dem „Stöffche" einen angemessenen Auftritt zu ermöglichen. Die primär eingesetzte Farbe Schwarz soll dem Apfelwein in seiner natürlichen goldgelben Farbe keine Konkurrenz machen, sondern ihn vielmehr betonen und hervorheben. Entsprechend haben wir das traditionelle Apfelweinglas, das Gerippte, mit unserem modernen Logo versehen. Es folgten das mattschwarze 5-Liter-Apfelweinfass und der Apfelwein – pur, sauer gespritzt und mit Cola – in der 0,5-Liter-Dose. Die brachte dann ordentlich Schwung in den deutschlandweiten Absatz unseres Apfelweins. Außerdem ist das Konzept von Anfang an klar: Wir machen ein Premiumprodukt, das seinen Preis hat, nämlich einen höheren als der von Markenbieren. Und bei den Preisen lassen wir nicht mit uns reden!

Wie werden zwei Designer erfolgreiche Apfelwein-Dealer?

Kjetil Dahlhaus: Als wir das Hochschulprojekt abgeschlossen hatten, wollten wir es gern den verschiedenen Keltereien vorstellen und die Kampagne letztendlich auch verkaufen. Das Interesse war sehr groß – wir bekamen durchweg positives Feedback –, doch keine Kelterei kaufte uns die Idee ab. Uns blieb nichts anderes übrig, als unser Konzept eigenständig umzusetzen. Hierfür registrierten wir die Marke BEMBEL-WITH-CARE und gründeten eine gleichnamige Firma, mit der wir vorerst Merchandisingartikel rund um den Apfelwein vertrieben. Nur der eigene Apfelwein fehlte uns noch.

Benedikt Kuhn: Noch ganz ohne Apfelwein präsentierten wir uns bei der Apfelweinmesse „Intercidre 08" zum ersten Mal in der Öffentlichkeit. Das große Interesse und die Begeisterung der Messebesucher für unsere Produkte überzeugten auch die anwesenden Geschäftsführer der Kelterei Krämer. Bereits vor Ort konnten wir eine Zusammenarbeit für das erste gemeinsame Produkt beschließen. Nur 3 Monate später brachten wir das 5-Liter-Apfelwein-Partyfass mit großem Erfolg auf den Markt. Was damals noch eine echte Innovation war, ist mittlerweile ein etablierter Klassiker. Durch diesen Erfolg konnten wir unsere Zusammenarbeit mit der Kelterei Krämer ausweiten und 1 Jahr später die Weltneuheit „Apfelwein in Dosen" auf den Markt bringen. Mittlerweile hat die Kelterei aufgrund der gestiegenen Nachfrage nach unserem Apfelwein die Produktionskapazitäten erhöht.

Kjetil Dahlhaus: Ich denke, unseren Erfolg verdanken wir der Wahl eines sehr guten Apfelweins, der Etablierung eines klaren und hochwertigen Designs und nicht zuletzt unserem Markennamen BEMBEL-WITH-CARE, der auf besondere Weise anspricht.

Was waren beim Launch der neuen Produkte die größten Herausforderungen für Sie?

Kjetil Dahlhaus: Das war wohl der Schritt vom Designer zum Apfelweinunternehmer. Plötzlich mussten wir uns um alles kümmern: Design, Marketing, Werbung, Vertrieb, Buchhaltung, Onlineshop und vieles mehr. Das bremste erst einmal unsere Kernkompetenz aus.

Benedikt Kuhn: Die Herausforderung war im zweiten Schritt, die verschiedenen Aufgabengebiete nach und nach auszulagern und jeweils an Profis zu übertragen – damit wir uns wieder voll und ganz auf das Design und die Werbemaßnahmen von BEMBEL-WITH-CARE konzentrieren können. So haben wir beispielsweise das Bembel-Mobil, mit dem wir seit 2010 auf Märkten, Festen und anderen Events vertreten sind, in Lizenz vergeben.

Welches Feedback registrieren Sie von anderen Apfelweinkeltereien und Betrieben auf Ihr Unternehmen und Ihre Produkte?

Kjetil Dahlhaus: Grundsätzlich haben wir sicherlich bewirkt, dass in der Branche darüber nachgedacht wird, wie sie wieder attraktiver werden kann. Wir erfahren großen Zuspruch seitens der Branchenkollegen, was uns wichtig ist. Denn die Apfelweinbranche ist klein, und an dem Ziel, den Apfelwein weltweit bekannt und gefragt zu machen, arbeiten wir letztlich gemeinsam.

Ihre Ziele für die Zukunft?

Kjetil Dahlhaus: Unser Ziel ist ganz einfach: die Verbreitung des guten Apfelweins über die Grenzen des Odenwalds und Hessens hinaus. Wenn der Krabbenfischer an der Nordsee sein Flensburger stehen lässt und stattdessen zum Bembel greift, dann sind wir fast angekommen. Spätestens aber, wenn beim Oktoberfest die Madl'n bembelweise Apfelwein ausschenken, sind wir am Ziel. Na gut, zumindest haben wir dann eine Etappe erreicht ...

UNSERE PRODUKTE SIND ALLE ÄHNLICH ENTSTANDEN, NÄMLICH BEI DER FRAGE, WAS VERTRÄGT SICH EIGENTLICH ALLES MIT APFEL? ERSTAUNLICH VIEL, HABEN WIR FESTGESTELLT.

Die Äppler-Designer

BERND GERSTACKER UND CHRISTIANE WALTER, MOST OF APPLES
Die ersten Garagen-Apfelwinzer Norddeutschlands

Apfelwein mit Quitte, bei dieser Kombination sind Apfelweinliebhaber mittlerweile auf den Geschmack gekommen. Bei einem Schluck vom „Barrique Cider", einer Cuvée aus 30 Prozent der alten Apfelsorte Schöner von Herrenhut, 20 Prozent Quitte und 50 Prozent Mischäpfeln, die ihren dezenten Holzton und den vollen Körper durch den sechsmonatigen Ausbau im spanischen Eichenfass erhält, schnalzt der Kenner mit der Zunge. Aber „Coffee Cider"? „Country Cider"? Oder gar „Spicy Cider"? Ciders wie diese eröffnen völlig neue Geschmackshorizonte!

Geschmacksexperimente

„Wer wagt, gewinnt – und was spricht dagegen, auch mal ausgefallene Kombinationen zu probieren? Schließlich ist die Apfelweinherstellung keine Geheimwissenschaft", sagt Bernd Gerstacker. Die Dessertweinspezialität „Coffee Cider" wird, inspiriert von den feinen Rösttönen in einem guten Rotwein, mit feinsten Espressobohnen vergoren und dann mindestens 6 Monate im Glastank ausgebaut. Dabei verbindet sich der Apfel mit dezentem Kaffeearoma. Da spitzt der Apfelwein-Connaisseur die Ohren. Wir haben bei der Exkursion in den Norden auch den „Country Cider", vergoren mit Kräutern wie Rosmarin und Thymian, probiert und hatten den Mund voll frischer Sommerwiese. Mit Freude am extravaganten Genuss haben wir dann vom „Spicy Cider", vergoren mit Zitronengras, Chili und Szechuanpfeffer, gekostet. Nach 9 Monaten Ausbau im Glastank, in denen sich das Apfelaroma mit den scharfen Grundtönen verbindet, wird dieser Cider mechanisch gefiltert und ist ein Geschmackserlebnis der etwas anderen Art.

Preis der Experimentierfreude bei most of apples

Es muss auch mal ein Ballon weggekippt werden. „Basilikum eignet sich nicht wirklich, das schmeckte ganz muffig", gesteht Deutschlands erster Garagen-Apfelwinzer. Aber egal wie unterschiedlich die Produkte und Geschmacksrichtungen sein mögen, allen gemein ist: Sie sind reine Natur, komplett handmade und deshalb sehr exklusiv und nur in kleinen Mengen zu haben. Von den Spezialitäten gibt es pro Saison zwischen 400 und 1.000 Flaschen, vom „normalen" Cider um die 2.000 Flaschen, und der hausgemachte Apfelwein wird in 5.000 bis 6.000 Flaschen gefüllt. Verkauft – ausgetrunken – und dann ist Schluss, bis der neue Jahrgang herangereift ist.

Nur wer immer wieder ausprobiert, wird herausfinden, ob es nicht noch etwas Besseres gibt.

Designer-Äppler von der Datsche

Bernd Gerstacker ist in Schöneck-Büdesheim bei Frankfurt am Main aufgewachsen und mit der hessischen Apfelweinkultur bestens vertraut. Er hat sich gewundert und gefragt, warum in Norddeutschland niemand Apfelwein macht. Denn das Alte Land ist das größte zusammenhängende Obstanbaugebiet Deutschlands. Die Antwort ist einfach: Hier werden nur einige wenige Sorten Tafelobst angebaut, die sich aber nicht zur Herstellung von Apfelwein eignen. Die Streuobstwiesenkultur, Hort eines unendlichen Fundus an alten Apfelsorten und Grundvoraussetzung für den Anbau von Wirtschaftsobst, gibt es kaum mehr. Aber man besinnt sich wieder und es gibt immer mehr Menschen, die sich für die Pflege von Streuobstwiesen engagieren, stellt der Apfelwinzer fest. Und so beginnt die Erfolgsstory von most of apples mit dem Super-Ertrag im Apfeljahr 2000. Die Apfelbäume brachen unter der Last ihrer Früchte beinahe zusammen. Aber niemand schien Interesse am heimischen Obst zu haben. Bernd Gerstacker und seine Lebensgefährtin Christiane Walter, die beide aus der Werbung und dem Marketing kommen, nutzten die Gunst der Stunde. Sie sammelten das Fallobst in den Alleen des Elbtals auf alten Streuobstwiesen und kelterten die teilweise alten Apfelsorten in ihrer „Datsche" mit einer Miniaturanlage auf wenigen Quadratmetern und vermosteten deren Extrakt zu Apfelwein und Ciders. Der Gedanke most of apples war damit geboren. Was sich in den vergangenen Jahren an der Schokoladenfront getan hat, das probieren Gerstacker und Walter nun mit Äpfeln aus, und das macht sonst keiner! Zudem waren sie beflügelt von der Idee, ein Produkt von vorn bis hinten zu begleiten, also von

A wie Äpfel sammeln bis Z wie Zeichnen und Entwerfen der Etiketten; die Apfelweine und Ciders von most of apples zu hochwertigen, designorientierten Qualitätsprodukten zu machen – vom Auftritt im Internet, den Flyern und Foldern, bis zum Äußeren der Flaschen und deren Inhalt.

The Art of Cider – Referenz an die Kunst

Anders als viele Künstler-Wein-Editionen sollte die most of apples-Kunstedition etwas zu tun haben mit dem Künstler, der die Geschmacksrichtung des Ciders vorgibt und eine entsprechende Grafik dazu schafft. 2006 stand Jay Ryan, einer der führenden Vertreter der „Independent Handcrafted Art", Pate für die erste „Art of Cider-Edition". Ryan entwirft und druckt unter anderem Poster und Albumcover für Bands aus Amerika und Europa. Entsprechend farbenfroh und stilisiert ist das von ihm exklusiv entworfene Etikett. Seine Geschmacksrichtung: Vanille und Chili. Nach 15 Monaten im Barrique und einer letzten gemeinsamen Fassprobe waren sich der Künstler und der Cider-Produzent einig: Das Produkt entspricht geschmacklich der Kunst von Jay Ryan. „In den tiefen Tönen geerdet, mit einer schönen Balance von Süße und Säure, mit überraschenden Noten und einem dezent scharfen Abgang, ruft der Cider denselben Effekt hervor wie Ryans Bilder: beides macht heiter und zufrieden."

Cider für den guten Zweck

„Es muss ein bisschen vom liebenswerten Größenwahn des Herrn Mark Oliver Everett – Frontmann der US-amerikanischen Rockband Eels, der von einer Zusammenarbeit mit keinen geringeren Künstlern als Tom Waits, Bob Dylan, John Lennon und Mozart träumt – in uns gewesen sein, als wir am 12.02.2008 um 23:22 eine Mail an Daniel Richter mit unserem Vorschlag schickten, ein gemeinsames Produkt zu kreieren", resümiert Bernd Gerstacker heute. Aber die positive Rückmeldung des Superstars der deutschen Malerei kam innerhalb von 30 Minuten. Richters erste spontane Aussage zu einem ihm gewidmeten Cider war „Quitte". Die erste Assoziation bei most of apples zu seinen Bildern war „Wald". Also wurden Apfel, Quitte und Waldmeister miteinander vergoren und 15 Monate ins Barrique gelegt. „Daniel Richter macht wunderbare, vielschichtige Bilder, die einen irgendwo zwischen Kopf und Beinen treffen. Und immer, wenn man von den Beinen geholt ist, fragt der Kopf, was es eigentlich war. Passt doch hervorragend zu unseren Ciders. Man muss sich nur darauf einlassen", sagt Bernd Gerstacker über die „Art of Cider Edition No. 2". Die besteht aus einer dreifarbigen, handgedruckten Originallithografie im Format 35 x 50 Zentimetern, ist von Daniel Richter signiert und nummeriert in einer Auflage von 400 Exemplaren erhältlich. Der Erlös dieser Kunstedition geht an ein soziales Projekt. Der Künstler durfte aussuchen, an wen der Erlös gespendet wird. Daniel Richter entschied sich für den Hamburger Verein „Crossover", einen Verein zur Integration von Kindern und Jugendlichen durch Musik und Sport. Im Juni 2010 fand die erste Geldübergabe statt. Daniel Richter, ganz Agent provocateur, übergab an den zweiten Vorsitzenden von Crossover, den Rapper Samy Deluxe, 15 000 Euro in bar. Denn Richter war überzeugt, dass „bei einem Rapper nur Bares zählt". Die Kunstedition wird mit Otmar Alt und Rudi Kargus, den man bisher eher als Torhüter denn als Maler kennt, fortgesetzt.

Pfeiler der Apfelweinkultur in Norddeutschland

In Dahlem zwischen Elbtalaue, dem Wendland und den Wäldern der Göhrde eröffnen Bernd Gerstacker und Christiane Walter 2011 die „Appleslounge", die erste Apfelweinschänke Norddeutschlands. Ein altes Backsteinhaus samt Wirtschaftgebäuden wurde im Juli 2010 gekauft und zum Zentrum der norddeutschen Apfelweinkultur jenseits von Heinz Schenks „Blauer Bock" und Schunkelseligkeit umgebaut. Egal ob Startpunkt für eine kulturelle Landpartie im Wendland, Pilze sammeln in der Göhrde oder Randwanderung auf dem Elberadweg – in der Appleslounge kann man einkehren, eine Kleinigkeit essen und in der Obstwiese picknicken. Hauptattraktion und immer eine sensorische Entdeckungsreise wert sind aber die extravaganten Ciders von most of apples selbst. Angedacht ist, auch Übernachtungsmöglichkeiten zu schaffen. Für alle, die bei einer ausführlichen Degustation tief ins Glas geschaut haben.

Was unterscheidet Ihre Produkte vom Cider wie man ihn beispielsweise in Asturien oder England kennt?

Die Bezeichnung Cider führt schon mal zu großen Verwechslungen. Unser Produkt ist nämlich eher ein Apfelsüßwein. Basis für diesen stillen, hochgezuckerten Apfelwein, der am Ende 12 bis 13 Volumenprozent Alkohol hat, ist „normaler" Apfelwein, der aufgezuckert und mit den jeweiligen Aromagebern wie Holunderblüten, Espressobohnen etc. vergoren wird. Cidre zum Beispiel ist ein kohlensäurehaltiger, viel leichterer Apfelwein. Der asturische Sidra ist zwar auch ein stiller Apfelwein, wird aber beim typischen Einschenken aus etwa 1 Meter Höhe ins Glas von Sauerstoff durchflutet.

Ist Apfelwein also ein Global Player?

Ja, es ist sehr spannend, das eigentlich regionale Produkt global zu betrachten, denn der Apfel ist eine ebenso alte Kulturfrucht wie der Wein. Da gab es doch schon die Episode mit dem Apfel im Alten Testament. Sie erinnern sich? Wir haben die Verwicklungen mit dem Apfel im Paradies einfach mal als ersten Produkttest in Sachen Apfel betrachtet. Diese Tradition führen wir fort!

Auf welches Experiment oder besser welche Verführungen dürfen sich Apfel-Connaisseure bei most of apples demnächst freuen?

Das wird der „Vintage Cider" sein. Wieder in limitierter Abfüllung, über die Geschmacksnuancen müssen wir noch nachdenken. Aber die Geschmacksreise wird vermutlich in Richtung Lagenapfelwein gehen. Sprich: Jeweils (alte) Apfelsorten einer bestimmten Streuobstwiese werden zusammen gekeltert und so der Charakter einer bestimmten Wiese eingefangen. Vielleicht kombiniert mit einer anderen Frucht.

Der Apfelwein-Stratege

**JENS BECKER,
FRANKFURTER APFELWEINHANDLUNG
Alles Flüssige vom Apfel**

Ob Apfelwein mit Quitte, Apfelweine sortenrein gekeltert und Cuvée von der Streuobstwiese, Apfelsekt oder Apfelcidre – Jens Becker führt in seiner Anfang 2010 eröffneten Apfelweinhandlung rund 40 Apfel(schaum)weine, also für jeden Geschmack das passende „Stöffche". Über der Eingangstüre hängt das traditionelle „Kränzi", ein geflochtener Kranz aus Fichtenzweigen, der in Frankfurt signalisiert: Hier wird ausgeschenkt! Übrigens das einzige echte „Kränzi" weit und breit. Andere Lokale oder Kelterer hängen sich einen Blechkranz ans Haus. Nomen est omen: Marketingexperte Becker setzt damit schon vor der Türe die Zeichen, die er in seinem Frankfurter Apfelweinladen stringent fortführt: Klasse statt Masse!

Weniger ist mehr

Kaderschmiede für Marketingstrategien, Apfelweinlokal oder Apfelweinhandlung oder alles in einem? Wer die Wahl der Qual bei der Gründung eines neuen Businesszweigs hat, tut in einem gesättigten Markt gut daran, nach Nischen zu suchen. „Immer neue Gastro- und Shoppingkonzepte werben um übersättigte Kunden. Die simpelste Ordnung haben aber die Geschäfte mit quasi nur einem Produkt, wie die Conserveira in Lissabon, wo es ausschließlich Sardinendosen zu kaufen gibt, oder das Mehlstübchen in Berlin, das ausschließlich Mehl, dafür in allen Varianten, führt", sagt der Marketingstratege, der auch mal pfiffige, verkaufsfördernde Konzepte zwischen den vielen Apfelweinflaschen austüftelt. Für seine Apfelweinhandlung wünscht er sich, „ein Geheimtipp zu sein und zu bleiben". Auch deswegen beschränkt er sein Geschäft ausschließlich auf alles Flüssige vom Apfel und die typischen Accessoires wie Bembel, Geripptes und Deckelchen dazu. Damit ist Jens Becker, dem die Liebe zum „Stöffche" schon vom Großvater in die Wiege gelegt wurde, Trendsetter in der Apfelweinmetropole.

Treffpunkt Apfelwein

Mit seiner Frankfurter Apfelweinhandlung will Becker aber auch eine Plattform für hochwertigen Apfelwein und einen Kontrapunkt zum gesichtslosen, uniformen Angebot der Industriekelterer, die ihre Produkte über Discountern und Ketten verkaufen, schaffen. Die bieten zwar mittlerweile auch Produkte aus der Region an, wirklich viel verkauft werde davon bei einer Präsentation im Supermarkt allerdings nicht, meint Jens Becker. So will er mit seinem Apfelweinladen auch die Lücke zwischen Erzeuger und Endverbraucher schließen. „Es muss nicht nur ein Umdenken in der Produktauswahl stattfinden. Auch Services wie ein einzigartiges Sortiment, kompetente Produktberatung – manche Apfelweine sind einfach erklärungsbedürftig – oder die Möglichkeit zur Verkostung müssen den Kunden wieder geboten werden, will man sich im Markt absetzen und erfolgreich behaupten."

Erfolgsmodell Apfelweinhandlung

Die erste Frankfurter Apfelweinhandlung ist schon jetzt ein Erfolgsmodell und lebt, ganz so wie Jens Becker sich das wünscht, von der Mundpropaganda. „Ich habe für jeden ein Produkt und leiste gern Überzeugungsarbeit in Sachen Apfelwein. Die Passanten müssen sich nur zu mir hereintrauen und etwas Zeit für eine Verkostung mitbringen." Und das tun immer mehr Menschen, wie man bei Besuchen in der kleinen, feinen Apfelweinhandlung feststellen kann.

Rohstoff Apfel

Andersleber Kalvill, Finkenwerder Herbstprinz, Königlicher Kurzstil, Transparente von Croncels oder Ohringer Blutstreifling? Pomologen schätzen, dass es in Deutschland etwa 5.000 verschiedene Apfelsorten gibt. Meist haben sie ihre Namen von der Region, in der sie gedeihen, ihren Züchtern oder ihren Eigenschaften. Darunter sind einige Hundert sehr alte Sorten, die kein Mensch mehr kennt und deren Name und Herkunft verloren gegangen sind. Pomologen, Naturschützer und Apfelwinzer wenden viel Zeit und Mühe auf, die alten Sorten neu zu entdecken und zu bestimmen. Aber auch immer mehr Verbraucher fragen sich immer öfter, was eigentlich vor der eigenen Haustüre wächst. Bei Apfelbestimmungstagen ist der Andrang deswegen mittlerweile groß.

Das Bio tobt auf der Streuobstwiese

Apfelweintrinker sind Umweltschützer. Nur wenn das Obst von der Streuobstwiese wieder als authentisches Produkt aus der Region wertgeschätzt, zu hochwertigen Produkten wie Lagenapfelwein, Streuobstwiesenchampagner und Edelbränden weiterverarbeitet wird, lohnt sich die mühevolle Arbeit in der Streuobstwiese für deren Besitzer wieder. Jeder Schoppen ist also ein Beitrag zum Erhalt der wertvollen, landschaftsprägenden Biotope.

Ananasrenette, Gewürzluiken, Kaiser Wilhelm, Schöner von Nordhausen oder Zuccamaglio? Großer Katzenkopf, Mollebusch oder Sommer Bergamotte? Böhmische Dörfer oder Fragen für Schlaumeier beim hoch dotierten Wissensquizz „Wer wird Millionär"? Nein! Das sind nur einige der etwa 5.000 Apfel- und gut 800 Birnensorten, die in schier unüberschaubarer Vielfalt auf den Streuobstwiesen von der Ostseeküste bis nach Bayern, von Sachsen bis ins Saarland gedeihen. Dazu kommen noch zahlreiche autochthone Sorten, wie sie die porträtierten Apfelwinzer und Streuobstbauern in ihren oft vom Vater geerbten Obsthainen pflegen und erhalten. Die vielen Süßkirschen-, Zwetschgen-, Mirabellen- und Pflaumensorten, die hier wachsen, ganz außer Acht gelassen. Die herausragende Artenvielfalt auf den Streuobstwiesen ist bedeutend für alle Ökosysteme Mitteleuropas. Bis zu 40 Vogelarten, darunter Steinkauz, Wendehals und Grünspecht können hier leben. Ein einziger Apfelbaum gewährt mehr als 1.000 wirbellosen Tieren Unterschlupf. Insgesamt bis zu 5.000 Arten können sich das Habitat teilen. Die Streuobstwiesen sind daher von höchster Bedeutung für die Biodiversität in Mitteleuropa, vergleichbar mit hochstämmigen Oliven-, Kork und Steineichenbeständen in Südeuropa.

Ohne Äpfel von der Streuobstwiese kein Apfelwein

Streuobstwiesen mit ihren hochstämmigen, robusten Obstbäumen sind ein typischer Bestandteil der bäuerlichen Kulturlandschaft und prägen auf eindrucksvolle Weise unser Landschaftsbild. Der ökologische Wert dieser kleinen Paradiese aus Menschhand ist bekannt: Streuobstwiesen sind ein Refugium und mittlerweile oft das letzte Rückzugsgebiet für heimische Tiere. Außerdem sind Streuobstwiesen eine wichtige Gen-Ressource für (fast) ausgestorbene Obstsorten, sodass mit dem Schutz und der Pflege der heimischen Streuobstwiesen ein Stück der traditionellen Kulturlandschaft erhalten wird. Ohne die alten, knorrigen Apfelbäume gäbe es auch keinen Viez, Most oder Apfelwein. Nur die im regionalen Klima gereiften Wirtschaftsäpfel mit hohem Säuregrad, die meist nicht so glatt und attraktiv aussehen wie die Supermarktäpfel, aber den Geschmack der Wiese, des Terroirs, in sich aufgesogen haben, geben dem Wein aus Äpfeln seinen typischen, fein strukturierten Geschmack. Um den derzeitigen überalterten Baumbestand langfristig zu erhalten, müssten jährlich rund 100.000 Hochstämme gepflanzt werden.

Renaissance der Streuobstwiese

Seit den 1980er-Jahren steht der hohe ökologische Wert der Streuobstwiesen in vielen Bundesländern, Landkreisen, Gemeinden, Städten und Kulturämtern im Mittelpunkt nachhaltiger Landschaftsplanung und Entwicklung. Überall wurden Programme ins Leben gerufen, um Pflege und Erhalt von Streuobstwiesen zu fördern. Der Streuobstbau erfährt seither eine Renaissance. „Wie überall sind die schönen Streuobstwiesen aber nur zu erhalten, wenn sich die Produktion des Streuobstes für die Bewirtschafter lohnt", sagt der saarländische Apfelwizer Wolfgang Schmitt. Mit dem von 2009 bis 2013 laufenden „Life+"-Projekt zum „Vogelschutz in Streuobstwiesen des Mittleren Albvorlandes und des Mittleren Remstales" geht Baden-Württemberg vorbildlich voran. Innerhalb des 450 Quadratkilometer großen Projektgebiets liegen rund 150 Quadratkilometer Streuobstwiesen. Diese sind durch zunehmende Nutzungsänderungen bedroht und damit ist auch ihre Artenvielfalt besonders gefährdet. Daher zielt das Projekt hauptsächlich auf den Schutz bedrohter und europaweit bedeutsamer Vogelarten ab. Das Finanzvolumen des Gesamtprojektes, rund 5,2 Millionen Euro, wird zur Hälfte von der EU gefördert. Den Rest trägt eine konzertierte Aktion – neben dem Regierungspräsidium Stuttgart und sechs direkt involvierten Projektpartnern (unter anderen die Manufaktur Jörg Geiger) auch 34 Gemeinden aus dem Projektgebiet. „1.000 Apfelbäume für die Rhön", initiiert unter anderem von Apfelsherry-Erfinder Jürgen Krenzer und der Rhöner Kelterei Elm, ist eine weitere bedeutende Regionalinitiative zum Erhalt der Streuobstwiesen. NABU, LEADER, Umweltschützer, Städte und Gemeinden, Apfelwinzer, Schulen und private Baumbesitzer engagieren sich immer öfter für den Erhalt der Streuobstwiesen und damit den Erhalt alter Obstsorten.

Der Saftkönig

HARALD ELM, KELTEREI ELM
Mit Einfallsreichtum gegen die Marktmacht großer Saftläden

Früher als andere, nämlich bereits Anfang der 1980er-Jahre, erkannte Kelterei-Chef Harald Elm den steigenden Bedarf an Bioprodukten. In seiner Heimat verwurzelt, verarbeitete er damals die ersten naturbelassenen Äpfel zu Bioapfelsaft. Neue Wege geht Elm auch in der Apfelweinherstellung. Seine Apfelwein-Premiumprodukte will er „an die Geschmacksqualität von Wein anpassen". Dafür musste er erst einmal die Voraussetzungen schaffen. „Nur durch die Rohwarenauswahl, die Herstellungstechnik, die Hefen und Vergärungsart kann man das Thema Apfelwein qualitativ voranbringen", ist der Diplom-Ingenieur mit dem Fachgebiet Wein und Fruchtsaft in der Getränketechnologie überzeugt.

Wein vom Apfel wird Kult

„Die Idee war, ein Produkt zu kreieren, das mit dem alten, verstaubten Image des Apfelweins bricht und eine neue Konsumentengruppe für das Traditionsgetränk begeistert." In der Kelterei Elm werden sowohl die „KultApfelCuvées" der sieben hessischen Wirtshauskelterer als auch einige mit eigenem Label und Etiketten versehene Apfelweine wie KultApfel feinherb, rot und rosé hergestellt und abgefüllt. Alles aus hessischem Streuobst, versteht sich. Dabei können sich die Weine vom Apfel durchaus mit dem von Trauben messen: Der Rote hat Tiefgang, ähnelt im finessenreichen Duft und mit feinen Aromen von Holunder und Johannisbeere einem Traubenrotwein. Der Rosé kommt lebhaft und vollfruchtig daher. Der Apfelschaumwein verdankt seinen besonderen Charakter den alten Apfelsorten von den Streuobstwiesen aus der Region. „Beim Keltern und dem sauberen Ausbau von Apfelweinen gelten dieselben Regeln wie beim Traubenwein. Ich will Traubenwein aber nicht kopieren, sondern die etwas schwierige und labile Apfelsäure in den Apfelweinen verfeinern." Der KultApfel ist wie Wein ein Jahrgangsprodukt, der jährlich mit einem neuen Motto präsentiert wird. Denn die natürlichen Unterschiede vom Streuobst lassen auch den Geschmack jährlich variieren. Der KultApfel wurde bei der Europäischen Union zur Zertifizierung als Produkt mit geschütztem Ursprungszeichen für Herkunft und Verarbeitung aus Hessen angemeldet.

1.000 Apfelbäume für die Rhön

Die Rhön im Dreiländereck zwischen Bayern, Hessen und Thüringen ist eine der schönsten deutschen Mittelgebirgslandschaften. Mit der Anerkennung und Auslobung als Biosphärenreservat hat die UNESCO 1991 der Qualität dieser Kulturlandschaft Rechnung getragen. Im selben Jahr galt aber eines der typischen Rhöner Produkte, der Apfel, als schwer vermarktbar. Durch Billigimporte von Äpfeln und Apfelkonzentraten aus dem Ausland standen der heimische Apfel und die Streuobstwiesen vor dem Aus. Um künftig regionale Ressourcen zu erhalten und den Obstbauern eine Einnahmequelle zu sichern, wurde 1995 die „Rhöner Apfelinitiative" als Verein gegründet. Mitbegründer ist Harald Elm. Das ehrgeizige Ziel: Jährlich 1.000 neue Apfelbäume zu pflanzen und damit dem Sterben auf der Streuobstwiese und der Überalterung des bisherigen Bestandes entgegenzuwirken. Damit nicht genug. Um den Apfelbaumbestand nachhaltig zu sichern, haben die Rhöner Apfelinitiative, die Kelterei Elm und die Baumschulen Schlereth und Leinweber ein Vertragswerk entworfen, mit dem der Kauf und die Anpflanzung von heimischen Apfelbäumen gefördert werden soll. „Nur wenn die Obsterzeuger an einem Strang ziehen und neue Wege beschreiten, weg vom konventionellen zum biologischen Anbau, kann man eine Marke kreieren, mit der umweltbewusste Konsumenten ein nachhaltig erzeugtes Produkt assoziieren."

Die Schaltzentrale des Bioobstbaus in der Rhön

Obstbauern, die sich im Rahmen des Vertrags bereit erklären, künftig ihr Obst ökologisch anzubauen und an die Kelterei Elm zu liefern, erhalten Bäume zum Sonderpreis sowie eine Abnahmegarantie zu einem Mindestabnahmepreis. Mittlerweile wurden circa 3.000 Bäume gepflanzt. Tendenz zunehmend. „Wie bei einem Schneeballsystem interessieren sich immer mehr Menschen für das Projekt und wollen heimische Apfelbäume pflanzen", freut sich Harald Elm. „Fahren Sie durch die Rhön und Sie werden sehen, dass 20 Jahre nachhaltiges Wirtschaften sichtbar werden. Es gibt so gut wie keine verwilderten Streuobstwiesen oder kaputten Bäume mehr in der Region." Deren Früchte sind die Basis für die hochwertigen Säfte, Apfelweine und Cidres der Kelterei Elm. „Die schmecken ganz anders als die hochgezüchteten Sorten aus dem Plantagenanbau, die zwar gut aussehen, aber wenig Säure haben."

Regionalen Wirtschaftskreislauf in Gang setzen

Regionale Wertschöpfung – ein weiteres Thema von Harald Elm, der die Region mit einem nachhaltigen Wirtschaftskreislauf stärken will. Dazu gehört neben der Produktinnovation, Kooperationen zu schaffen und Wertschöpfungsketten zu gestalten. Zum Beispiel werden Äpfel aus der Rhön vom Biofilialisten tegut aufgekauft und vermarktet. Wer wiederum nach den Vorschriften der Apfelinitiative Rhön produzierte Früchte (ausschließlich Äpfel von Hochstammbäumen aus regionalen Streuobstwiesen, nachhaltige Pflege der Bäume, sachkundige Ernte, gesamter Ertrag wird in das bestehende System eingeliefert) bei der Kelterei Elm zum Pressen gibt, erhält kein Bargeld, sondern tegut-Gutscheine im Gegenwert zu den Äpfeln – das macht bei 1.000 Kilogramm 1.500 Euro, bei 100 Kilogramm immerhin noch 150 Euro.

VOM OBSTBAUERN, DER SEIN STREUOBST ABLIEFERT,
DER GESAMTEN LOGISTIK, DER KELTEREI UND ABFÜLLUNG
BIS HIN ZUM HANDEL UND DEN VERBRAUCHERN –
UNSER SYSTEM BASIERT AUF VERANTWORTUNGSVOLLEM
UND NACHHALTIGEM HANDELN IM SINNE DER REGION.

UNSER EIGENER ANSPRUCH LEITET SICH AUS DER ÜBERZEUGUNG AB, DASS NACHHALTIGES WIRTSCHAFTEN NUR AUS DER BEWAHRUNG ALTER TRADITIONEN, VERBUNDEN MIT INNOVATIVEN, ZEITGERECHTEN UND WOHLSCHMECKENDEN PRODUKTEN MÖGLICH IST.

Saftladen mit Prädikat

RAINER UND PETER VAN NAHMEN, OBSTKELTEREI VAN NAHMEN
Sortenreine Apfelsäfte – auch für das Bundespräsidialamt

Rote Sternrenette, Schöner von Boskoop, Kaiser Wilhelm, Rubinette, Elstar, Jonagold und Topaz – so klangvoll wie die Namen der Äpfel, aus denen in der Kelterei van Nahmen sortenreine Apfelsäfte gekeltert werden, so köstlich schmeckt der naturtrübe, ohne Zuckerzusatz und Aromastoffe hergestellte Fruchtsaft der paradiesischen Früchte. In diesen Äpfeln stecken 100 Prozent Heimat, denn sie stammen von den Streuobstwiesen am Niederrhein und im Münsterland, dem Demeter-Betrieb Obsthof Clostermann im benachbarten Wesel-Bislich und Bioland-Betrieben aus dem Alten Land. „Diese Äpfel von Hochstamm-Obstwiesen sind prädestiniert für die Herstellung von Apfelsaft, da sie besonders intensiv und aromatisch im Geschmack sind und im Saft ein ideales Verhältnis von natürlichem Fruchtzucker und Fruchtsäure haben", sagt Peter van Nahmen.

Was bedeuten Herkunft und Regionalität für die Qualität von van Nahmen-Obstsäften?

Etwa 80 Prozent des in Deutschland verarbeiteten Apfelsafts und der Apfelsaftschorle wird aus Konzentrat hergestellt. Alleine 33 Prozent davon stammt mittlerweile aus chinesischem Apfelsaftkonzentrat – mit steigender Tendenz. Wir glauben, dass zur Herstellung hochwertigen Direktsafts die Verarbeitung regionalen Obsts überaus bedeutend ist, weil nur so gesichert werden kann, dass reines und reifes Obst verarbeitet wird. Kurze Transportwege und der persönliche Kontakt zum Obstbauern gewährleisten dies.

Warum engagieren Sie sich für den Erhalt von Streuobstwiesen?

Der Erhalt von Streuobstwiesen ist ein Beitrag zum Naturschutz. Hochstamm-Obstwiesen haben eine große ökologische Bedeutung. Aufgrund ihrer extensiven Nutzung sind sie der ideale Lebensraum für viele Tier- und Pflanzenarten. Sie stellen für diese Arten, deren ursprüngliche Lebensräume stark verändert oder zerstört worden sind, Ersatzbiotope dar, die ihnen ein Überleben ermöglichen können. Auch wenn die Arbeit in der Streuobstwiese mit ihren hochstämmigen Obstbäumen mühsam ist, macht sie doch Spaß und erfüllt uns mit Stolz und Zufriedenheit. Schließlich kann man herrlich duftende Äpfel ernten, die sich nicht so sehr durch ihre äußere Makellosigkeit, aber dafür umso mehr durch ihre inneren Qualitäten und ihren kräftigen Geschmack auszeichnen. Und mittlerweile lohnt sich die Arbeit auf der Streuobstwiese auch wieder. Beispielsweise durch Projekte wie „Fair zum Bauern"!

Die Kelterei van Nahmen wurde 2010 von der DLG mit dem »Preis der Besten« in Gold ausgezeichnet. Was muss ein Betrieb leisten, um eine solche Auszeichnung zu erhalten?

Der „Preis der Besten" wird nur an Unternehmen vergeben, die Spitzenleistungen beim DLG-Qualitätswettbewerb erreicht haben. Um diesen Preis in Gold zu erhalten, müssen Unternehmen über mindestens 15 Jahre hinweg ihre Qualitätsfähigkeit durch Prämierungen bei den jährlichen DLG-Qualitätstests unter Beweis gestellt haben. Ein Beweis für diese Arbeit ist auch die diesjährige Auszeichnung durch das unabhängige Magazin Öko-Test.

Passion für Äpfel

Schöner von Boskoop – sortentypisch, von kräftiger Konsistenz, sehr ausgeglichene Süße-Säure-Balance – oder Rote Sternrenette – sehr selten, mit leichter Zimtnote und intensiv-samtigem Geschmack – wenn der studierte und promovierte Betriebswirt Peter van Nahmen von seinen Säften spricht, dann leuchten seine Augen, ein zufriedenes Lächeln umspielt seine Mundwinkel und es klingt wie bei einem Winzer oder Weinhändler. Kein Wunder, war er doch 10 Jahre lang in der Weinbranche tätig, bevor er in den Familienbetrieb einstieg und sich fragte, wie man mehr Leidenschaft ins Saftgeschäft bringen könnte. Leidenschaft und Begeisterung demonstriert er beispielsweise, als er beim Interview in alten Obstbau-Schriften vom Beginn des 19. Jahrhunderts kramt und daraus mit feierlicher Stimme zu seinem Lieblingsapfel zitiert: „Für Obstliebhaber gibt es kaum einen schöneren Anblick als Fruchtkörbe, die mit der Roten Sternrenette gefüllt sind. Das leuchtende Rot, gemildert durch den zarten Hauch der Deckfarbe und unterbrochen von den deutlich sich abhebenden, hellgrauen Sternchen wirkt so bezaubernd, dass man sich an diesem Anblick nicht sattsehen kann." 2007 wurde dieser herrliche Apfel zum ersten Mal aus den Bergen der

angelieferten Äpfel in der Privatkelterei van Nahmen von Hand ausgelesen, um einen sortenreinen Apfelsaft herzustellen.

So schmeckt die Heimat

Zur guten Handwerkstradition in der Privatkelterei van Nahmen gehört es, dass die Äpfel nach der Anlieferung von Hand verlesen, für eine Nacht im Kühlhaus gelagert werden, bevor sie sich am nächsten Morgen auf etwa 18 Grad Celsius erwärmen dürfen. „Dann lösen sich die Aromen besser", so der Saftexperte. Dann geht's ab in die Obstmühle. Nach dem Pressen wird der Saft zur Haltbarmachung pasteurisiert, also für kurze Zeit auf circa 82 Grad Celsius erhitzt – aus technologischer Sicht die qualitätsschonendste Haltbarmachungs- und Lagerungstechnik. „An einem Tag Keltern, am nächsten Tag auf die Flasche – da schmeckt man die Frische", sagt Peter van Nahmen. Die Fruchtigkeit und Frische des Safts sowie die wertvollen Inhaltsstoffe wie Vitamine, Mineralien und Spurenelemente bleiben auf diese Weise weitestgehend erhalten. Der „Apfelsaft von Streuobstwiesen" ist Direktsaft, das heißt, der Saft wird direkt aus der Frucht und nicht aus Konzentrat durch Rückverdünnung mit Wasser hergestellt.

Bundespräsident Christian Wulff steht auf Saft

Die Qualität dieser sortenreinen Apfelsäfte und originellen Direktsäfte wie von der Alten Hauszwetschge oder dem am Niederrhein sehr beliebten Rhabarber wissen Feinschmecker, aber auch Sommeliers wie Romana Eschensperger im 3-Sterne-Gourmettempel Vendôme im Schloss Bensberg zu würdigen, wo die edlen van-Nahmen-Säfte als Alternative zu alkoholischen Getränken angeboten werden. Sogar der ehemalige Bundespräsident Horst Köhler und sein Nachfolger, der bekennende Safttrinker Christian Wulff, schätzen diese Raritäten und bieten sie Staats- und anderen Gästen an. Der Küchenchef von Schloss Bellevue, Jan-Göran Barth, verfeinert seine Kreationen mit Säften aus Hamminkeln. Ihn faszinierten bei einer Verkostung die vielfältigen Aromen von feinsäuerlich bis himbeer- und marzipanähnlich. Das alles ehrt den Pioniergeist von Rainer und Peter van Nahmen, die die ehemalige Rheinische Apfelkrautfabrik in Hamminkeln in der dritten und vierten Generation leiten, sehr. Doch die beiden haben die Bodenhaftung nicht verloren, halten an der bewährten handwerklichen Mostertradition fest. Noch heute bringen Obstwiesenbesitzer vom Niederrhein und dem angrenzenden Münsterland ihre Äpfel zum Mosten. Rainer van Nahmen ist ein Vordenker, wenn es um den Erhalt der Streuobstwiesen geht. Er kaufte als einer der ersten am Niederrhein die Äpfel von Streuobstwiesen auf. Seit 1990 engagiert sich die Kelterei van Nahmen gemeinsam mit dem NABU in der Initiative „Fair zum Bauern", die Obstwiesenbesitzern im Rahmen eines Aufpreisprojekts einen deutlich höheren Preis, nämlich 50 Prozent, gegenüber dem marktüblichen Durchschnittspreis für eine Apfelernte garantiert. „Die Erhaltung der traditionellen Streuobstwiesen (…) kann langfristig nur gelingen, wenn es sich für die Besitzer auch wirtschaftlich lohnt", sind die beiden Nachhaltigkeits-Aktivisten überzeugt. Im Gegenzug verpflichten sich die Obstbauern in den Anbau- und Lieferverträgen, nur reifes und ungespritztes Hochstamm-Obst (alte Sorten) zu liefern. Am liebsten ist es den Saftexperten, dass Äpfel so lange wie möglich am Baum hängen bleiben. Denn erst kurz bevor der Apfel alleine fällt, ist der Fruchtzuckeranteil am höchsten, aus dem sich das konzentrierte Aroma entwickelt. Das Engagement zahlt sich aus: 2010 wurden 18 der van-Nahmen-Obstsäfte von der Deutschen Landwirtschaftsgesellschaft (DLG) prämiert. Der Apfelsaft von Streuobstwiesen wurde 2010 von dem Magazin Öko-Test für sehr gut befunden.

Die Botschafterinnen des guten Geschmacks

CLAUDIA SCHMUCKER-AROLD UND HEIDI DIMDE, AMÜS GÄU
Frauenpower im Heckengäu

Ein strahlend blauer Himmel über uns, der Blick schweift bis zur Burg Hohenzollern, das Schachbrettmuster der vielfältig genutzten landwirtschaftlichen Flächen des Ammertals an der Grenze des Heckengäus liegt zu unseren Füßen und als flankierendes Element die Wälder des Schönbuch hinter uns – an diesem exponierten Ort, auf dem etwa 550 Meter hohen Weinberg von Claudia Schmucker-Arold und Heidi Dimde, treffen wir die „Amüs Gäu"-Macherinnen bei einem Glas Herrenberger Apfelschaumwein zum Interview über Streuobstwiesenchampagner, Heimatliebe und Weiberwirtschaft.

Sie betreiben ein nachhaltig wirtschaftendes Cateringunternehmen. Wie haben Sie sich gefunden?

Heidi Dimde: Ich komme aus dem Marketing und Vertrieb eines Großunternehmens, gekocht habe ich aber schon immer gern und ausgiebig. Die Initialzündung für die Geschäftsidee kam während meiner Lebensjahre in Frankreich, wo Amuse-Gueules zu jeder Gelegenheit gereicht werden. Wieder zu Hause in Deutschland habe ich diese auch hier gemacht, zunächst bei privaten Feiern. Damals ein Novum. Aber meine Kreationen fanden sehr großen Anklang, so groß, dass mich einer unserer Gäste bald bat, Fingerfood für ihn zu einem geschäftlichen Anlass herzurichten. Das war 2006 und die Idee zog Kreise. Innerhalb von 6 Wochen gründete ich meine Firma, denn ich war mir sicher, das ist es! Meinen Betrieb habe ich 3 Jahre alleine geführt – mir aber immer eine Partnerin gewünscht. Zu zweit ist doch alles etwas einfacher, wenn man sich gut versteht und ergänzt. 2009 habe ich dann Claudia Schmucker-Arold kennengelernt. Und jede von uns war sich sicher, die richtige Geschäftspartnerin gefunden zu haben. Schon nach 4 Wochen haben wir die erste Veranstaltung kulinarisch gemeinsam vorbereitet, organisiert und durchgeführt. Es war ein super Erfolg!

Claudia Schmucker-Arold: Auch ich komme aus dem Vertrieb, war lange für ein internationales Unternehmen in Frankfurt tätig, bin also eine Fast-Hessin mit einer gewissen Affinität zu „Ebbelwoi". Als ich familienbedingt nach Herrenberg zurückkehrte, stieg ich in die Weinhandlung meiner Eltern ein. Meine Weinkenntnisse beruhten bis dahin allerdings eher auf dem Weintrinken während meiner Geschäftsreisen im In- und Ausland. Diese Kenntnisse habe ich dann bei einem dreijährigen, berufsbegleitenden Studium in Geisenheim auf profunde Beine gestellt. Heidi ist meine ideale Geschäftspartnerin!

Produkte auf nachhaltiger, regionaler Erzeugung sind das neue Bio. Haben Sie über diesen Megatrend bei der Firmengründung nachgedacht?

Heidi Dimde: Wir machen einfach! Unser Fokus liegt schon lange auf regionalen Produkten. Deswegen war es nur logisch, dass wir bei unseren eigenen Veranstaltungen unter dem Motto „Alles Gäu oder was?" nur solche Produkte verwenden. Gleich bei der ersten Veranstaltung, die wir gemeinsam organisiert und durchgeführt haben, wurde das Bufett ausschließlich mit regionalen Produkten bestückt – und das im November! Da gab es dann zum Beispiel Petersilienwurzelcreme und Rote-Bete-Taler. Und das hat die Leute neugierig gemacht. Seither fahren wir durch die Region, schauen, was gibt es eigentlich alles? Leider kennt man ja die Heimat weniger gut als viele Reiseziele irgendwo auf der Welt. Wir haben Bauern und Bauernläden abgeklappert. Dort haben wir neue Adressen für Ziegenkäse oder für Obst und Gemüse bekommen. Wir haben einen Jäger im Schönbuch gefunden, der uns ein Reh gegeben hat, wir haben einen Schneckenzüchter ausfindig gemacht, einen Lieferanten für Wachteleier, einen Metzger gefunden, der seine Tiere nach alter Tradition selbst zum Schlachten bringt, damit die Tiere nicht so viel Stress haben. Wenn wir mit den nachhaltig produzierenden Lieferanten sprechen, dann kommt da ganz viel Herzblut.

Claudia Schmucker-Arold: Nachhaltig wirtschaften mit regionalen Produkten, das ist nicht nur eine Geschäftsidee. Ich fühle mich dieser Region stark verbunden, ich möchte etwas für meine Heimat tun. Es

muss nicht immer Käse aus Italien sein oder Produkte, die weiß der Kuckuck woher kommen. Regional essen heißt auch saisonal zu essen. Ich brauche keine Biokiwi aus Neuseeland, das ist unnötig. Erstens schmecken die nicht, zweitens stimmt die Ökobilanz auf gar keinen Fall. Die Menschen, die wir kennen- und schätzen gelernt haben, haben dasselbe Anliegen wie wir. Diese Erfahrung, die Erlebnisse mit den Menschen in der Region, sind alleine den Aufwand wert.

Heidi Dimde: Da wir von der Qualität der landwirtschaftlichen Erzeugnisse unserer Region überzeugt sind, sind wir auch „Heimat"-Partner. „Heimat" ist ein Qualitätsprogramm für Spitzenprodukte und Landschaftsförderung, initiiert durch „Plenum Heckengäu" zur Erhaltung und Entwicklung von Natur und Umwelt. Heimat-Partner nützen und schützen die Vielfalt unserer Kulturlandschaft und liefern hohe Produktqualität.

Claudia Schmucker-Arold: Und auch die Kunden wollen das verstärkt: Schmalz, Radieschen, Schnittlauchecken, Forellentatar. Wir machen bei jedem Bufett Schildchen zu den einzelnen Speisen mit dem Verweis auf die Herkunft.

Wir sitzen auf Ihrem Weinberg, diesem herrlichen Fleckchen Erde. Hier gibt es gleich zwei Kulturen: Trauben und Äpfel werden gleichermaßen von der Sonne verwöhnt. Hat Sie das inspiriert?

Claudia Schmucker-Arnold: Wein gab es in der Gegend schon im Mittelalter. Der Wein aus dem Ammertal wurde über das Kloster Bebenhausen im Schönbuch bis in die Schweiz und nach Österreich vertrieben. Die Mönche erschufen zudem einen Marktplatz in Ulm, wo der Wein aus der Region verkauft wurde. Dann veränderte sich im Ammertal, wie in ganz Mitteleuropa, das Klima. Es wurde kälter und das endgültige Aus kam für den Weinbau im 18. Jahrhundert mit der Reblaus. Da Weinbau aber ein Standbein der landwirtschaftlichen Betriebe war, mussten Alternativen her, es wurden Streuobstwiesen angelegt. Heute gibt es im Ammertal noch 25 Hektar Rebfläche. Drei Weinberge gehören mittlerweile uns. Der hiesige Weinbau wird vom Landkreis und dem Obst- und Weinbauverein unterstützt, weil dadurch die alten, landschaftsprägenden Steilhanglagen, gestützt von Trockenmauern, erhalten bleiben. Hochkarätige Referenten informieren über den Weinbau und mittlerweile gedeihen hier Supertropfen. Ich liebe aber auch die Streuobstwiesen in dieser einmaligen Landschaft. Nach dem Abitur bin ich weg aus Herrenberg, habe unter anderem lange in Hessen gelebt. Dort wie hier gehörten Streuobstwiesen zu meinem unmittelbaren Umfeld. Nach meiner Rückkehr nach Herrenberg bin ich oft spazieren gegangen und habe mir gedacht, mein Gott, ist das schön hier! Die Affinität zu Äpfeln und den Produkten daraus resultiert schlussendlich aus der Liebe zu dieser Landschaft.

Frau Dimde, arbeiten Sie auch im Weinberg?
Heidi Dimde: Ja, ich bin im zweiten Lehrjahr. (lacht)

Wir trinken auf Ihrem Weinberg nicht Ihren Wein, sondern Apfelschaumwein. Wie das?
Claudia Schmucker-Arnold: Im Laufe des Studiums stand auch einmal das Thema Schaumwein auf dem Lehrplan. In dieser Zeit wurde mir beim morgendlichen Joggen über die Streuobstwiesen im Gäu schlagartig klar, dass ich etwas für die herrliche Kulturlandschaft meiner Heimat tun will, und mir kam die Idee, Apfelschaumwein zu machen.

Dieser feine Herrenberger Apfelschaumwein schmeckt gar nicht nach Cidre, eher nach Sekt, denkt man im ersten Geschmacksmoment. Im zweiten verteilt sich ein filigranes Apfelaroma über den Gaumen. Beim zweiten Glas denkt man: Schön, wenn man so prickelnd einen Beitrag zum Erhalt der Streuobstwiesen leisten kann! (Zitat aus „Genuss im Gäu")

Von der Idee zum fertigen Produkt ist es doch ein langer Weg, oder?

Claudia Schmucker-Arnold: Die Streuobstwiesenäpfel zu kaufen war natürlich kein Problem. Aber ich hatte ja gar keine Infrastruktur, um Apfelschaumwein herstellen zu können. Also musste ich einen Partner finden. Diesen habe ich letztendlich in Markus Heid, einem bekannten Winzer aus dem Remstal, gefunden. Ihn konnte ich überzeugen, mitzumachen. Das ist nun schon 6 Jahre her. Schon der erste Jahrgang des Herrenberger Apfelschaumweins hat es bei einer Obstsektverkostung im Feinschmecker aus dem Stand unter die Top Ten geschafft.

Ein Winzer macht Apfelschaumweine?

Claudia Schmucker-Arold: Nicht nur das! Zwar dachte er zunächst, Apfelschaumwein sei eine „spinnerte" Idee von mir. Dann hat er aber gemerkt, dass ich es sehr ernst meine mit meinem „Streuobstwiesenchampagner". Als im ersten Jahr die Streuobstwiesenäpfel aus dem Heckengäu im Weingut abgeladen wurden, hat das viel Aufsehen erregt – „was macht der Markus Heid denn jetzt mit Äpfeln? Und dann noch nicht mal aus dem Remstal!" Das Weingut Heid ist seither ein wichtiger Partner bei der Herstellung einiger unserer Produkte. Im nächsten Schritt werden wir auch sortenrein keltern. Die Zusammenarbeit mit dem Winzer ist sehr fruchtbar. Mir war von Anfang an wichtig, dass ich einen Partner finde, der von Haus aus keinen Most macht, sondern Wein. Und der den Apfelwein so vergärt wie seinen Wein, nämlich ganz langsam bei niedrigen Temperaturen.

Und was sagte Winzer Heid, als Sie mit ihrer Idee für den Pommeau vor seiner Tür standen?

Claudia Schmucker-Arnold: Manchmal kämen ihm die Schweißperlen auf die Stirn, sagt er. Aber er ist für eine gute Idee immer zu begeistern. Unser „Pommeau" besteht aus Apfelsaft von Streuobstwiesen und Apfelbrand der Brennerei Krauß. Beim Winzer werden beide Grundprodukte vermählt und lagern dann je nach Qualitätsstufe bis zu 2 Jahren im Eichenfass. Mit 18 Volumenprozent ist das ein vielseitiger Aperitif beziehungsweise Digestif, der durch sein fein ausbalanciertes Frucht- und Säurespiel besticht. Gekühlt passt er auch wunderbar zu diversen Vor- und Nachspeisen.

AMÜS GÄU IST NICHT NUR EINE GESCHÄFTSIDEE, VIELMEHR EINE LEBENSEINSTELLUNG. WIR FÜHLEN UNS DEM HECKENGÄU VERBUNDEN UND MÖCHTEN GENIESSEN, WAS AUS UNSERER HEIMAT STAMMT. DESWEGEN VERWENDEN WIR AUCH BEI DER PRODUKTION UNSERER APFELSPEZIALITÄTEN UND BEI UNSEREM CATERING KONSEQUENT REGIONALE PRODUKTE.

Sortenvielfalt

» UNGLAUBLICH, WAS IN ÄPFELN AN GESCHMACKSVIELFALT UND AROMEN STECKT. «

JÜRGEN SCHUCH

Der Apfelwinzer

PETER ZIMMERMANN, APFELGUT ZIMMERMANN
Traube inspiriert Apfel

Wingerte so weit das Auge reicht! Im Herbst, wenn sich das Laub an den Rebstöcken gelb und rot färbt, mutet die Landschaft rund um Wachenheim an der Weinstraße mit ihren sanften Weinbergen ein bisschen an wie die der Toskana. In den idyllischen Dörfern rundum wird die Weinbautradition in zahlreichen Gütern mit Weinfesten und den dazugehörigen Weinköniginnen zelebriert. Aber auf dem Apfelgut Zimmermann dreht sich nicht alles um den Wein aus Trauben, vielmehr um den Wein aus Äpfeln.

Revival für den Obstbau an der Weinstraße

Obwohl zum Betrieb auch 9 Hektar Rebflächen gehören, widmet sich der gelernte Weinbautechnologe Peter Zimmermann vorwiegend der alten Obstbaukultur, die an der Weinstraße in den 1970er-Jahren durch die Flurbereinigungen und EU-Förderung für den Weinbau ihren Niedergang erlebte. „Damals hat der Weinbau einen Siegeszug in der Region angetreten, weil er forciert wurde. Das heißt, die Weinberge wurden besser erschlossen, Wege gebaut oder begradigt, durch Zusammenlegung entstanden größere Parzellen. In der Folge sind die Obstbauflächen verschwunden, denn die Bezuschussung gab es nur für die Weinberge. Das war das Aus für den Obstbau hier, auch für heimische Früchte wie die Königsbacher Pflaume oder den Ellerstadter Pfirsich", erklärt er.

Apfelvielfalt erhalten

Der Apfelwinzer pflegt auf rund 5 Hektar, die etwa 8 Kilometer vom Apfelgut entfernt Richtung Rhein liegen, diese gute, alte Tradition. Die Obst- und Apfelplantagen können in dieser Lage wie die benachbarten Gemüsefelder mit Rheinwasser bewässert werden. „Heute kann man ohne Wasserversorgung keinen Obstbau mehr betreiben." In Zimmermanns Obsthainen werden mehr als 20 Apfelsorten angebaut – von Ananasrenette bis Berlepsch, von Fuji bis Revenna, von Querina bis Zuccalmaglio. Daneben gibt es Pfirsiche, Kirschen, Aprikosen, Nektarinen, Pflaumen und Birnen. Den heimischen Apfel „Heimeldinger" konnte Peter Zimmermann allerdings nicht retten. „Der war schon vor 100 Jahren nicht mehr en vogue und es gibt davon nur noch einige wenige Bäume, deren Standorte nur die Mitglieder des Pomologenvereins kennen. Alte Sorten wie diese können als Tafelobst leider nicht mit den Ansprüchen der Konsumenten mithalten und verschwinden deswegen von der pomologischen Landkarte."

Apfel ist nicht gleich Apfel

Die verschiedenen Apfelsorten unterschieden sich in Geschmack, Säuregehalt und Lagerfähigkeit. Auf dem Apfelgut Zimmermann gibt es Äpfel zum Reinbeißen, zum Backen, zum Braten, zum Kochen, zum Dörren. Das Gros der Ernte wird jedoch vinifiziert oder zu Apfelbalsamessig veredelt. „Wir bauen alte Sorten an, die hier ihre Tradition haben und die die vielen Sonnenstunden an der Weinstraße mögen. Darüber hinaus neue Sorten wie Topas oder Pilot, die nicht nur gut schmecken, sondern auch sehr widerstandsfähig gegen Krankheiten und Schädlinge sind." Seinen Apfelwein macht der Apfelwinzer „etwas anders, nach eigenem Stil", wie er verschmitzt erzählt. „Ich beiße während der Ernte ständig in einen Apfel, ich liebe Äpfel! Diesen Geschmack möchte ich in der Flasche unterbringen. Mein Apfelwein oder meine Apfelcidres und -sekte haben mit dem hessischen Apfelwein gar nichts zu tun. Denn wie der Weinausbau, hat sich auch die Apfelweinproduktion weiterentwickelt." Da Wachenheim traditionell eine Weißweinregion ist, die Weine mit mineralischer, spritziger Note hervorbringt, will Peter Zimmermann auch solche Apfelweine und -sekte produzieren. „Im Unterschied zu den hessischen Apfelweinen, die durch die Zugabe von Speierling oder Mispeln einen ganz anderen, eigenen, von Gerbstoffen geprägten Charakter entwickeln." Aber

> WIR WOLLEN AROMATISCHE, HEIMISCHE FRÜCHTE IN EINKLANG MIT DER NATUR ERZEUGEN. DABEI NUTZEN WIR DAS MILDE KLIMA DER WEINBERGE IN UNSERER REGION, DAS VON GANZ BESTIMMTEN SORTEN BEVORZUGT WIRD. DIE HERKUNFT DER FRÜCHTE SOLL MAN IN UNSEREN PRODUKTEN STETS SCHMECKEN KÖNNEN.

das will der pfälzische Winzer gar nicht interpretieren oder kopieren. Seine Vorstellung: „So wie der Apfel, muss auch das Produkt daraus schmecken, egal ob Apfelsaft, Apfelsecco, Apfelsekt oder Apfelcidre." Die Frage war also: Wie bekommt man den Apfel in die Flasche? Mit seinem Wissen als Winzer machte er sich an die Arbeit, besuchte Slowfood-Produzenten und Kollegen, die bereits Äpfel vinifizierten, und begann alsbald mit eigenen Experimenten.

Mit dem Erfinden von neuen Produkten ist Peter Zimmermann fix

Und man muss sich beeilen, um von Zimmermanns „Stöffche" etwas abzubekommen, denn in der Weinregion hat der perlende Apfelwein eine stetig wachsende Fangemeinde. Aus dem Apfelwein entsteht durch die feinfühlige Komposition von Querina, Revenna, Bittenfelder, Roter Sternrenette, Bohnapfel, Kaiser Wilhelm und Wintercalvill und dem Saft von schwarzen Johannisbeeren auch der leicht perlende „Apfelsecco Cuvée August" mit herbem, fruchtigem Bukett. Führerscheinfreundlich ist der fruchtig, apfelige „Apfelcidre Julchen". Der sortenreine „Apfelsekt aus der Goldrenette" ist in klassischer Flaschengärung gereift und von Hand gerüttelt. „Diese alte Apfelsorte zeichnet sich durch hohe Säure und feine Süße aus." Die neueste Kreation – ein „Pomante", abgeleitet vom italienischen Spumante – liegt gerade dem Patentamt zur Eintragung vor.

Immer innovationsfreudig und auf der Suche nach neuen Produkten

Auch Zimmermanns exquisiter, dunkel-karamelliger Apfelbalsamessig wird auf Mostbasis gewonnen. Dazu nutzt der technikaffine Apfelwinzer modernste Kellertechnik. „Essiggärung mit Bakterien geht auch technisch und ist so leichter zu steuern. Das Holzfass ist schön und gut – aber nur zum Nachreifen!" Wie der traditionelle Balsamico wird der Apfelbalsamico ohne jegliche Zusätze aus Apfelmost mit möglichst hohem Zuckergehalt hergestellt. Nach dem behutsamen Pressen der Äpfel wird der Most mehrere Stunden eingekocht, bis er auf etwa die Hälfte des Volumens reduziert ist. Danach wird der Most in einem kleinen Fermenter mithilfe von Essigbakterien zu Apfelbalsamessig vergoren. Zur Nachreife kommt der Apfelbalsamico in ein Holzfass, wo er dann für ein halbes Jahr heranreift. Optisch besticht Zimmermanns Apfelbalsamico durch seine dunkle Farbe, sensorisch durch die feine Restsüße der Äpfel. Das Pendant, der Birnenbalsamessig, wird eher reduktiv ausgebaut, um eine hellere Farbe zu erreichen. Der Birnensaft, gewonnen von der aromatisch würzigen Williams Christbirne, wird durch Gefrieren konzentriert. So bleiben die feine Frucht und die hellere Farbe erhalten. Danach beginnt die gleiche Essiggärung im Fermenter wie beim Apfelbalsamico. „Nur etwas langsamer, so bleibt mehr Restsüße im Birnenbalsamico erhalten", so der Essig-Experte.

Wie gehen Sie als Weinbautechniker daran, Äpfel zu vinifizieren?

Da der Apfel meist nicht so viel Zucker hat (um die 55 Grad Öchsle, wird in der Dichte gemessen) wie die Traube (zwischen 80 und 90 Grad Öchsle), hat das Endprodukt auch nicht so viel Alkohol wie der Traubenwein. Das wiederum verleiht dem Apfel(schaum)wein eine eigene Leichtigkeit und die will ich herausarbeiten.

Was unterscheidet Ihrer Meinung nach Traubenwein vom Apfelwein?

Trauben haben deutlich mehr Aromen und einen höheren Zuckergehalt als Äpfel. Aufgrund des geringeren Zucker- und des daraus resultierenden niedrigen Alkoholgehalts arbeite ich beim Apfelwein gerne mit unterschiedlichen Sorten im Cuvée, um eine Aromenvielfalt zu erhalten. Außerdem nutze ich die verbliebene Restsüße bei Apfelwein oder -sekt, da sie wie Alkohol Aromenträger ist und die Leichtigkeit des Produkts unterstreicht.

Was muss man bei der Komposition einer Cuvée vom Apfel beachten?

Zunächst ganz einfach: wenig Sonne, wenig Zucker. Viel Sonne, viel Zucker. Dann aber doch etwas komplizierter: Bei der Komposition muss man variieren, mit der Säure und dem Fruchtzuckergehalt der Äpfel spielen, damit es zunächst eine harmonische Apfelsaft-Cuvée wird, die dann zu Apfelwein vergoren und ausgebaut wird. Auch die Zugabe von Birnensaft erhöht die spätere Aromenvielfalt. In 2010 haben wir bei der „Cuvée August" erstmals Johannisbeersaft eingesetzt.

Wie Apfelwein entsteht

An die Kelter, fertig, los! Auf der Streuobstwiese unter alten, knorrigen Obstbäumen oder im eigenen Garten unterm Apfelbaum sitzen und beim Picknick mit einem Glas selbst gemachtem Apfelwein von den saftigen Früchten eben dieser Bäume anstoßen – davon träumt vielleicht so mancher Spaziergänger, Streuobstwiesenkenner und Gartenfreund. Süffigen Apfelwein herzustellen ist keine Geheimwissenschaft und ohne großen technischen Aufwand möglich. Selber machen liegt voll im Trend. Immer mehr Menschen entdecken die Schätze auf der Streuobstwiese und ernten wieder die gesunden Früchte oder machen sich die Mühe, Fallobst aufzulesen. Denn die knackigen, heimischen Äpfel sind der wertvollste Rohstoff für köstlichen Apfelsaft und Apfelwein.

Apfelwein homemade

Apfelwein kann man ohne viel Hexerei im eigenen Keller selbst herstellen. Für alle, die es einmal selbst ausprobieren wollen, einige Expertentipps von Andreas Schneider.

Auf den Apfel kommt es an

Am Anfang ist der Apfel. Für die Apfelweinherstellung eignen sich am besten alte, säurehaltige Sorten aus dem Streuobstanbau: Schafsnase, Trierer Weinapfel, Rheinischer Bohnapfel, Kaiser Wilhelm, Bittenfelder, Brettacher oder Schöner von Boskoop. Diese Sorten haben einen ausgewogenen Säure- und Zuckergehalt, ein urwüchsiges Aroma und sind frei von Spritz- und Düngemitteln. Speierling hingegen ist keine Apfelsorte, sondern eine Ebereschenart. Diese Variante des Apfelweins wird mit dem Saft der kleinen, gerbstoffreichen Früchte des Speierlingbaums versetzt. Die Beigabe von 1 bis 3 Prozent macht den Apfelwein haltbarer und klar.

Verwenden Sie nur voll gereifte Äpfel

Die verwendeten Äpfel sollten vollreif sein, denn nur dann haben sie ausreichend Fruchtzucker. Viel Zuckergehalt bedeutet, dass dieser während der Gärung von der Hefe zu Alkohol umgebaut werden kann. Die reifen Äpfel kann man in eine Lohnmosterei bringen. Dort werden die Äpfel gewaschen, zu Maische zerkleinert und dann entweder auf einer Band- oder einer Packpresse entsaftet. Immer mehr Keltereien garantieren, dass man den Saft von seinen eigenen, angelieferten Äpfeln wieder mitnimmt. Der gelbe, trübe Saft, der aus der Presse rinnt, wird in Hessen „Süßer" genannt; der Saft, der Mitte Oktober in den Fässern gärt, „Rauscher".

Achten Sie auf einwandfreie Qualität

Natürlich kann man die gründlich gewaschenen, zerkleinerten, entstielten und entkernten Äpfel auch selbst mit dem Entsafter zerkleinern und zentrifugieren. Faule, angeschlagene Stellen sollten möglichst gründlich ausgeschnitten werden. Denn die im faulen Fruchtfleisch enthaltenen Organismen enthalten den Schimmelpilz Patulin, der im Apfelweinansatz die Fäulnis in Gang setzt und für einen geräuschvollen Abgang nach dem Genuss des Getränks sorgt. In der Lohnkelterei und im eigenen Keller gilt deswegen: Verwenden Sie nur einwandfreie Äpfel!

Seien Sie Ihr eigener Kellermeister

Füllen Sie den Saft in einen absolut sauberen Glasballon (10 bis 20 Prozent Gärraum lassen, damit der Apfelweinansatz bei stürmischer Gärung nicht überschäumt!) und messen Sie den Zuckergehalt Ihres Safts (liegt in der Regel bei 50 bis 60 Öchsle). Wenn Sie mit Hefe arbeiten, dann sollte pro 30 Liter Saft 8 bis 10 Gramm Hefe in 200 bis 300 Milliliter Saft gut durchgerührt und dann zugegeben werden. Man kann den Apfelsaft aber auch einer Spontanvergärung überlassen. Spontanvergärung bedeutet, dass die auf der Apfelschale vorhandenen wilden Hefen die Gärung einleiten. Der Umgang mit wilden Hefen ist schwierig, da es zu Fehlgärungen oder nach der Vergärung zu Essigbefall kommen kann und deswegen eher etwas für Experten!

Gärgefäß immer luftdicht verschließen

Den Ballon nun mit dem Gäraufsatz verschließen, das Gärröhrchen mit Wasser füllen. Wichtig ist, dass der Ballon während des gesamten, mehrere Wochen dauernden Gärvorgangs und der Klärungsphase luftdicht verschlossen ist. Also unbedingt regelmäßig Wasser im Gärröhrchen auffüllen! Achtung: Das während des Gärprozesses entstehende Kohlendioxid muss entweichen können, sonst platzt der Ballon.

Achten Sie auf optimale Kellerbedingungen

Ideale Bedingungen für die Gärung bietet ein dunkler, um die 15 bis 18 Grad Celsius warmer und wegen der zunehmenden CO_2-Konzentration gut lüftbarer Raum. Unter optimalen Bedingungen beginnt etwa 3 Tage nach dem Ansetzen die Gärung. Dass es soweit ist, erkennt man an der Gasentwicklung. Sollte innerhalb von 3 Tagen nichts passieren, kann man etwas Saft mit viel Zucker und neuer Hefe ansetzen und diese getrennt starten lassen. Nach einiger Zeit (wenn die Hefe eine Schaumkrone bildet) zum Saft hinzugeben.

Runter von der Hefe

Nach 3 bis 4 Wochen ist der Hauptgärprozess beendet. Das Sprudeln der Gärungskohlensäure im Gäraufsatz lässt deutlich nach, die Schaumkrone auf dem Weinansatz verschwindet. Bei Experten gilt: „Runter von der Hefe!" Das heißt, der Apfelwein soll so schnell wie möglich von der Hefe gezogen werden. Je länger er nämlich auf dieser Hefe liegt, desto größer ist die Gefahr, dass sich der Apfelwein mikrobiologisch verändert, was unter anderem dazu führen kann, dass er weniger fruchtig oder gar ungenießbar wird.

Apfelwein immer von oben von der Hefe abziehen

Wenn sich Hefe und Trübstoffe abgesetzt haben, wird der Apfelwein vom Bodensatz mit einem Gummischlauch – immer von oben – abgezogen. Das Abziehen muss sein, weil die Hefe nach der Gärung abstirbt und sich zersetzen kann. Die Abbauprodukte daraus können einen schlechten Geschmack verursachen.

Nach dem Abziehen sollte der Wein an einem dunklen, kühlen Platz weitere 2 bis 3 Monate reifen. In dieser Zeit setzt sich der Trub ab, der Apfelwein wird klar. Danach kann er in Flaschen umgefüllt werden.

Tipp: Die Flasche immer randvoll füllen, damit der Apfelwein so wenig wie möglich mit Sauerstoff in Berührung kommt. Sauerstoff ist der Feind des Apfelweins, weil er zur Oxidation führt. Der Apfelwein verändert sich farblich und die enthaltenen Mikroorganismen können mit Sauerstoff interagieren und den Wein verderben.

So erkennen Sie Bakterien- und Schimmelbefall

Bei der Herstellung von Apfelwein ist Sauberkeit oberstes Gebot. Befinden sich im Weinansatz Essigbakterien oder Schimmel, wird der Apfelwein ungenießbar. Essigbakterien können in der Luft sein, im Keller oder von Fruchtfliegen übertragen werden. Erst mal im Apfelwein, oxidieren sie den Alkohol zu Essigsäure, was man deutlich riecht und schmeckt. Ein weiterer Feind im Keller sind die wilden Kahmhefen. Sie brauchen Sauerstoff, um Alkohol zu Essigsäure zu veratmen. Deswegen muss man nach der Gärung darauf achten, dass die Behältnisse „spundvoll", also bis oben hin voll sind. Bekommen die ungebetenen Gäste allerdings durch Sauerstoffzufuhr die Möglichkeit sich zu vermehren, bilden sie auf der Oberfläche des Apfelweins weiße, schmierige Flocken. Der Gehalt an Essigsäure im Apfelwein steigt, er wird schal und muffig und es bildet sich ein unangenehm, käsiges Aroma.

Schimmelbefall ist am typischen Schimmelrasen auf der Oberfläche erkennbar. Hat sich erst einmal Schimmel gebildet, sollte man den Ansatz sicherheitshalber entsorgen, da Schimmelpilze teilweise sehr giftige Stoffe absondern.

Einkaufsliste:

- Glasballon (10-25 Liter, je nach gewünschter Menge), möglichst in Braunglas
- Gäraufsatz, bestehend aus durchbohrtem Gummistopfen und Gärröhrchen aus Glas oder Kunststoff
- Öchslewaage zur Bestimmung des Zuckergehalts
- Fass oder Flaschen zum Abfüllen und zur Lagerung
- Frische Äpfel (25 Kilogramm Äpfel ergeben etwa 15 Liter Saft)
- Reinzuchthefe – für Apfelweine werden Weißweinhefen oder Kaltgärhefen wie Aßmannshäuser oder Steinberg-Hefe empfohlen. Zu beziehen sind flüssige Reinzuchthefen in Apotheken, Drogerien und dem Kellerei-Fachhandel in den Weinanbaugebiete, beispielsweise Rheingauer Winzerbedarf (www.rheingauer-winzerbedarf.de) oder www.winzereibedarf.de
- Zucker – wenn es mit dem ersten Start nicht klappt.
- Gärstarter und Hefenährsalz – wenn der Zuckergehalt der Äpfel zu niedrig ist und man trotzdem nicht aufzuckern will.

Der Vordenker

ANDREAS SCHNEIDER, OBSTHOF AM STEINBERG
In Hessen zu Hause, im internationalen Apfelweinkosmos daheim

Andreas Schneider ist unter Apfelbäumen geboren. Sein Herz schlägt für die biologische Obstkultur, die Vielfalt des Apfels und das „Stöffche". Der gelernte Obstbauer versteht sein Schaffen als Arbeit in der Natur für die Natur, die Menschen und die Region. Auf seinen Obstwiesen und Feldern pflanzen, pflegen und ernten er und sein Team auf 13 Hektar zehn Obstarten in 160 Sorten. Gewirtschaftet wird seit 16 Jahren kontrolliert biologisch ... und das mit Erfolg. „Der biologische Obstbau ist ein Prozess des Beobachtens und des Lernens aus der Natur – eine Lebensaufgabe", so Andreas Schneider. Erste Erfolge des nachhaltigen Wirtschaftens kann der begeisterte Obstbauer und leidenschaftliche Apfelwinzer schon feststellen: Mauswiesel, Falke, Nashornkäfer und Wildbiene haben sich wieder in seinen Obstgärten angesiedelt.

Vom Baum ins Glas

Wer sommers in Schneiders Schoppenwirtschaft unter den Bäumen sitzt, auf denen das „Stöffche" im Glas herangewachsen ist, darf im Herzen der Natur genießen. Schneiders Apfelweine stellen für Frankfurt und Umgebung eine einzigartige Vielfalt an sortenreinen Gewächsen und Jahrgangsspezialitäten dar. Der Ausbau der Weine nach Sorte und Lage zu einem Premiumgewachs ist eine Herausforderung, der er sich verschrieben hat. Avancen von Verbänden wie Bioland und Demeter schlägt er aus. „Das würde mich in meiner Kreativität und Arbeitsweise einschränken. Ich will experimentieren und ausloten dürfen, wo die Grenzen bei der Apfelweinherstellung sind!" Qualität beginnt beim Grundprodukt, dem Apfel. Da hält es Andreas Schneider wie die Gourmetköche und Top-Traubenwinzer. „Meine Arbeit findet zu 80 Prozent auf der Obstwiese statt. Denn das Terroir prägt nicht nur den Trauben-, sondern auch den Apfelwein." So erntet er nicht nur in den eigenen Apfelhainen, sondern schaut sich auch Lagen befreundeter Obstbauern und Streuobstwiesen an, immer auf der Suche nach neuen Geschmäckern und Inspirationen. „Man muss die Früchte kosten, die Landschaft auf sich wirken lassen, nur dann kann man beim Vinifizieren die Herkunftslandschaft und deren prägenden Charakter auf der Zunge erfahrbar machen."

Von Hand gelesen, nicht geschüttelt

Schon 2002 wurde Andreas Schneider als verbandsloser Newcomer unter 175 Bewerbern vom Hessischen Landwirtschaftsministerium mit dem Ökologischen Förderpreis ausgezeichnet. „Wo bei vielen Ökoproduzenten die Diskussion über nachhaltige Produktion aufhört, machen wir weiter. Zum Beispiel düngen wir mit unserem Apfeltrester, dem Kelterrückstand. Der wird mit Pferdemist kompostiert und nach 2 bis 3 Jahren ausgebracht. Damit geben wir den Bäumen natürliche Lebenskraft zurück." Schädlingen rückt man auf dem Obsthof am Steinberg nur mit den für den Bioanbau zugelassenen Präparaten zu Leibe. Unerwünschtes Grünzeug wird mit der Hacke oder dem Bodenbearbeitungsgerät kurz gehalten. Lohn der Mühe: geschmackvolle, knackige Premiumäpfel, die auch bei der Ernte sorgsam behandelt und nicht einfach vom Baum geschüttelt, sondern von Hand gepflückt werden. Fallobst wird regelmäßig gelesen und nach Qualität getrennt. Grüne oder angeschlagene Äpfel kommen in den Hausschoppen. Nur die einwandfreien Früchte haben die Chance, zu sortenreinen oder Lagen-Apfelweinen vinifiziert zu werden.

Kunsthandwerk beim Keltern und Ausbau

Ist der Saft gepresst, ruht er 3 Tage und dann wird er vom „Trub" (Satz) abgezogen und in die Gärtanks gefüllt. Andreas Schneider verzichtet auf die Zugabe von

Reinzuchthefen. Vielmehr nutzt er die wilden Hefen, die sich auf der Fruchtschale befinden. Diese leiten die Gärung ein und verleihen den Schneider'schen Apfelweinen die besondere Note. Die Gärung unterliegt der Witterung: Ist es kalt, verläuft der Gärungsprozess langsam, und der Großteil der 50 alljährlich gefertigten Apfelweine wird eine hohe Restfruchtsüße haben. Ist es warm, verläuft der Gärungsprozess schneller und es wird ein trockener Apfelweinjahrgang heranreifen. „Das Spannende bei meiner Arbeit: Ich kann dem Apfelwein nur das Milieu zur Reife geben. Was schlussendlich dabei herauskommt, ist immer wieder eine Überraschung." Allerdings räumt Andreas Schneider ein, dass viel Erfahrung, Wissen und ein gutes Bauchgefühl dem Gelingen überaus zuträglich sind.

Apfelwein unites the world

Egal ob Frankreich, die Schweiz, Kanada, Russland oder Japan – Qualitätsarbeit am Apfelwein bedeutet für Andreas Schneider neben ökologischem Wirtschaften im Apfelgarten und dem önologischen Wissen auch, sich mit Kollegen über deren Produktionsweisen und die Besonderheiten des Terroirs auszutauschen. Deswegen hat er mit seinem Freund und Kollegen Michael Stöckl die Agentur „Apfelwein weltweit" gegründet. Das Ziel: dem Apfelwein als naturreinem, nachhaltig erzeugtem Qualitätsprodukt ein nationales und internationales Forum zu bieten sowie Genießern und Gourmets die Qualität des Apfelweins zu erschließen. Um das umzusetzen, organisieren die beiden Apfelwein-Aficionados die Jahrgangspräsentation „Apfelwein im Römer" mit prominenten Gästen aus der nationalen und internationalen Apfelweinszene, moderieren Apfelweinabende, begleiten Apfelweingourmetmenüs und sorgen für spektakuläre Apfelweininszenierungen wie beim „Festival der Meisterköche" im Feinschmecker-Dorado Schloss Bensberg. Immer wird das Premiumprodukt Apfelwein in Kontext zur feinen, gehobenen Küche gesetzt oder in einzigartigen Kombinationen, beispielsweise mit Sushi oder Trüffeln, präsentiert ... und das demnächst auch in Tokio, New York oder Moskau!

Was ist ein sortenreiner Apfelwein?

Sortenrein gekeltert heißt, dass der Apfelwein zu 100 Prozent aus einer Apfelsorte gepresst und ausgebaut wird.

Und was bedeutet die Lage für den Apfelwein?

Bei sortenreinen Apfelweinen ist die Lage ein zusätzliches Charakteristikum. Denn wie beim Traubenwein beeinflusst das Terroir, also naturgegebene Faktoren wie die Beschaffenheit und Qualität des Bodens, die Topografie, das Mikroklima und die kulturprägende Tätigkeit des Menschen, den Charakter des Grundprodukts Apfel. Lagenapfelweine können aber auch von verschiedenen Apfelsorten einer Lage gekeltert und ausgebaut werden.

Gibt es auch Apfelcuvées?

Ich bezeichne eine Cuvée als Themenapfelwein. Bei meinem „Ü 70" habe ich die zuckerreichsten Säfte verschiedener Apfelsorten (alle über 70 Grad Öchsle) mit dem Ziel vermählt, einen alkohol- und extraktreichen Apfelwein mit Weincharakter zu kreieren. Die Idee bei der Kreation „Apfelblüte" war es hingegen, die Duftigkeit der Zuccalmaglio mit der körperreichen Ananasrenette zu verbinden und einen trockenen, feinfruchtigen Sommerwein zu gewinnen.

> ALS APFELWINZER HABE ICH FESTGESTELLT, DASS ES NOCH EINIGE WEISSE FLECKEN AUF DER WELTKARTE DES APFELWEINS ZU ENTDECKEN GIBT UND HERVORRAGENDER WEIN AUS ÄPFELN AUCH AUSSERHALB HESSENS AUF DER GANZEN WELT GEKELTERT UND AUSGEBAUT WERDEN.

Der Apfelweinprofessor

PETER MERKEL, GASTHAUS DORNRÖS'CHEN
Der „Apfelweinprofessor" hat's Stöffche im Blut

Wer kann schon von sich sagen, Professor h.c. der Pomologie zu sein? Peter Merkel wurde anlässlich der zehnten Annelsbacher Apfeltage 2006 vom damaligen Landrat Horst Schnur mit einem Augenzwinkern für seine Verdienste um das regionale Produkt Apfel zum Apfelprofessor ehrenhalber habilitiert. „Mit begeistertem Einsatz, viel Kreativität und jeder Menge Sachverstand (...) treibt Peter Merkel mit dem Annelsbacher Apfelweintag das hessenweite Wiedererwachen der Lust am Stöffche voran." So werden seine Verdienste um den Apfel und den Apfelwein auf der Ernennungsurkunde gelobt. Familiär vorbelastet, widmete sich Peter Merkel schon von Kindesbeinen an dem Apfel: Den Apfelhain zu pflegen, bei der Ernte und der Kelter zu helfen gehörte, kaum konnte er laufen, zu seinen Aufgaben.

> VIELFALT STATT STANDARD! KELTERER UND BRENNER VEREDELN APFELWEINE AUF HOHEM NIVEAU, KREIEREN EINE IMMER GRÖSSERE PRODUKTVIELFALT. DIESE GRUNDEHRLICHEN APFELWEINE, APFELSCHAUMWEINE, APFELSÜSSWEINE UND BRÄNDE WERDEN VON EINER KONTINUIERLICH WACHSENDEN ZAHL VON GENIESSERN HOCH GESCHÄTZT.

Anfängerglück und seine Folgen

Schon in den 1980er-Jahren startet Merkel, inspiriert von Pionieren seiner Zunft wie Jörg Stier oder seinem Freund und Kollegen Armin Treusch, seine ersten eigenen Apfelweinexperimente. Er machte sich an die Arbeit und setzte Apfelsaft ohne Zugabe von Hefen, also zur Spontanvergärung an. „Beim Ausbau meines ersten Apfelweins hatte ich großes Anfängerglück. Ohne viele Kenntnisse habe ich einfach so, wie es schon immer bei uns in der Familie gemacht wurde, meinen ersten Apfelsaft zur Vergärung angesetzt. Heraus kam ein ansehnlicher, kraftvoller Apfelwein. Doch schon im Jahr darauf ging im Keller alles schief, was schiefgehen konnte. Ich habe die Kellertemperatur nicht beachtet, den Apfelansatz zu lange auf der Hefe gelassen. Gärfehler und Milchsäuretöne schlichen sich ein." Das war der Zeitpunkt für Merkel, sich in der Literatur schlau zu machen und weitere Kontakte zu anderen Apfelwinzern zwecks Erfahrungsaustausch zu knüpfen.

Äpfel mit Trauben vergleichen

Initialzündung für ein Apfelweinexpertenforum, die Annelsbacher Apfelweintage, war dann eine Weinverkostung im Gasthaus Zum Schwanen von Armin Treusch. Dabei entstand bei den beiden Lokalmatadoren die Idee, dass man auch Äpfel entgegen gängiger Praxis in Großkeltereien sortenrein keltern könne. Diese Idee verfolgte er enthusiastisch, wollte ein breit aufgestelltes Forum für den Apfelwein schaffen: „Mer miss die emol all zusammenbringe", so Merkel in seinem bodenständigen Odenwälder Dialekt. Die, das waren unter anderen Dieter Walz, Schöpfer des Premiumapfelschaumweines „Apfelwalzer", und Jörg Stier, Kelterer und Autor zum Thema Apfelwein, oder Andreas Schneider, Chef des ökologisch wirtschaftenden Obsthofes Schneider, und Jürgen Krenzer von der Rhöner Schaukelterei. Im November 1995 war es dann soweit: Erstmals kamen 40 Apfelweinexperten, Groß- und Kleinkelterer, Obstbauern und Gastronomen im Höchster Ortsteil Annelsbach zusammen. Der Beginn einer Erfolgsstory, die seither jedes Jahr fortgeschrieben wird. Mittlerweile kommen Gäste aus ganz Europa, referieren Trendforscher zu neuen Vermarktungsstrategien für Apfelwein, geben Getränketechnologen Tipps zum Ausbau, stellen Pomologen seltene Sorten vor, vergleichen Sommeliers Äpfel mit Trauben. „Es tut sich was in der Apfelweinszene", freut sich Merkel.

Der Rohstoff wächst vor der Haustür

Schöner von Nordhausen, Dülmener Rosenapfel, Goldrenette von Blenheim – der Rohstoff für die sortenreinen und Lagenapfelweine Peter Merkels wachsen im Umkreis von 500 Metern rund um sein traditionsreiches Odenwald-Gasthaus „Dornrös'chen" in Lagen mit klangvollen Namen wie „Kronengraben" oder „Item". Letztere kommt aus dem Lateinischen, bedeutet frei übersetzt „außer diesem" oder „ein Teil davon" – wen wundert es, liegt doch die einst größte zivile Römersiedlung Südhessens, die Haselburg, in direkter Nachbarschaft. Den Namen hat die Lage jedoch nicht seit Römerzeiten, vielmehr von einem belesenen Vorfahren Merkels. Auch um den Namen des Gasthauses ranken sich die Geschichten wie einst die Heckenrosenbüsche, als die Wohnstube des bäuerlichen Betriebs auch als Gaststube diente. Das war um 1900. Die Straße durchs Tal war ein holpriger Feldweg, Wanderer auf dem Weg durch den Odenwald kehrten hier ein. Damals soll die Wirtsfrau eine besonders attraktive Person gewesen sein, wird in der Familie Merkel gemunkelt. Vielleicht ein Dornröschen?

Verwegen: Apfelwein in die Stöffche-Metropole Frankfurt exportieren

Merkels Urgroßvater Peter Jung begann mit dem Ausbau des Hofs zu einer Gaststätte mit Tanzsaal, der sich bald zu einem Besuchermagneten in der Region entwickelte. Der gelernte Bierbrauer und dessen Söhne waren es auch, die die ersten Apfelbäume auf dem Krongraben pflanzten. Ein zweites wirtschaftliches Standbein wurde Ende der 1950er-Jahre eine mobile Presse, mit der Karl Merkel über Land fuhr und auf den Bauernhöfen die Äpfel als Lohnmoster presste. „Damals wurden 600 bis 1.200 Liter Apfelsaft auf den Höfen gepresst, der dann zu Apfelwein vergoren wurde", weiß Peter Merkel. Anfang der 1960er-Jahre wurde die Presse im Keller der damals erbauten Gaststätte fest installiert. Nun kamen die Menschen aus der Nachbarschaft mit ihrem Obst zu Merkels zum Pressen. „Mein Vater platzierte damals schon den Apfelwein im Dornrös'chen als ‚lokales Erstgetränk'. Einen Bierzapfhahn gab es in der Gaststätte nämlich nicht." 1935/36 hatte dann Peter Merkels Großonkel die ambitionierte Idee, Apfelwein aus dem Odenwald in die Apfelweinmetropole Frankfurt zu verkaufen. „Ein verwegenes Ansinnen, das nach 2 oder 3 Jahren auch furios scheiterte." Aber die Nachfahren profitierten davon. Denn die Apfelhaine und -bäume sind noch heute in Familienbesitz und bilden den Grundstock für die Apfelweinherstellung. Von den damals gekelterten sauren „Stöffchen" sind die modernen Apfelweine, die Peter Merkel heute ausbaut, allerdings qualitativ und geschmacklich so weit entfernt wie die „Kellergeister" von einem Dom Perignon Rosé Vintage.

Apfelweinvielfalt

Drink different! Cidre aus Frankreich, Cider aus England, Sidra aus Spanien, Applewine aus Japan, Icecider aus Kanada, Ebbelwoi aus Hessen – jedes Land, jede Region hat eine eigene Apfelweintradition. Qualitätsarbeit am Apfelwein bedeutet für die neue Generation der Stöffchemacher neben ökologischem Wirtschaften im Apfelhain und önologischem Know-how auch, sich weltweit mit ihren Kollegen auszutauschen. Mit der Renaissance regionaler, authentischer und nachhaltig erzeugter Produkte erleben der Apfelwein und alle Produkte drum herum ein fröhliches Revival. Apfelschaumweine, im traditionellen Flaschengarverfahren gereift und handgerüttelt, lassen manchen Champagner fad schmecken. Äppler in Dosen ist der Hit beim jungen Partyvolk. Und Apfelweine, sortenrein oder nach Terroir gekeltert und ausgebaut, bannen den Geschmack der Streuobstwiese oder des verwendeten Apfels in die Flasche.

Schöne, neue Apfelweinwelt

Eine Apfelweinweltreise ist für Kenner und Freunde des Weins aus Äpfeln eine Offenbarung. Spanien, Frankreich, Russland, Norwegen, Kanada, Japan – in viel mehr Ländern, als man denkt, werden aus Äpfeln und Birnen vielschichtige, spannende Apfelweine gekeltert und ganz unterschiedlich, nämlich regionaltypisch ausgebaut.

Begleiten wir also die beiden Apfelweinaktivisten Andreas Schneider und Michael Stöckl auf ihren Entdeckungsreisen in die weite Welt des Weins von Äpfeln. Die beiden haben 2009 die Agentur „Apfelwein weltweit" gegründet, um Apfelwein ein internationales Forum zu bieten und Genießern und Gourmets die Qualitäten des Apfelweins aus aller Welt zu erschließen. Um das umzusetzen, besuchen sie Apfelweinpräsentationen wie die „SICER", eine der bedeutendsten internationalen Apfelweinmessen im spanischen Gijon, organisieren in der Apfelweinmetropole Frankfurt die Internationale Jahrgangspräsentation „Apfelwein im Römer" und knüpfen Kontakte zu Apfelwinzern weltweit.

Initialzündung: Icecider aus Kanada

Eine Reise, gemeinsam mit dem renommierten Weinkritiker Stuart Pigott, führte nach **Kanada**. Ja, nach Kanada! Auch dort wird Apfelwein in vielen, überraschend anderen Spielarten produziert. Der „Cidre de Glace" erlebt dort einen ebenso großen Hype wie die Eisweine aus Trauben hierzulande. Grundvoraussetzung, um diese hochwertigen Eisweine vom Apfel zu produzieren, ist das Klima rund um Quebec. Für die Herstellung lässt man entweder den Apfelmost draußen, wo bis zu minus 25 Grad Celsius herrschen können, gefrieren und trennt beim Auftauen Most und Wasser oder man pflückt die Äpfel erst im gefrorenen Zustand. Schneider und Stöckl besuchten die Edel-Apfelgüter „Face Cachée de la Pomme", wo experimentierfreudige Apfelwinzer um Christian Barthomeuf und François Pouliot seit 1989 an der Herstellung ihrer „Ice Ciders" tüfteln. Die eleganten Ice Ciders der „Domaine Leduc-Piedimonte" mit intensiver, reifer Frucht hat Michael Stöckl ebenfalls auf dieser Reise kennengelernt und ist heute Alleinimporteur des Edelgetränks. In der Region um Quebec gibt es mittlerweile rund 50 Erzeuger.

Extravaganz mit drei Sternen

Seit der „SICER" 2007 sind die beiden hessischen Apfelweinexperten mit Eric Bordelet, Ex-Sommelier des Pariser Drei-Sterne-Gourmettempels Arpège, auch persönlich befreundet. Eric Bordelet pflegt seine Obstwiesen in der **Normandie** biodynamisch und bannt in seinen „Sydres" (Sydre Argelette) und „Poirées" (Poiré Granit) das Terroir gekonnt in die Flaschen. Die alten Hochstämme, auf denen die Früchte für den Argelette gedeihen, wurzeln tief im Schiefer, ziehen aus dem Untergrund Mineralien und Nährstoffe, die dem feinschäumenden Wein intensiven Geschmack und mineralische Eleganz verleihen. Die Birnen für den Poiré liefern bis zu 300 Jahre alte Bäume, die auf Granit stehen. Rassige Säure und ausgeprägte Mineralität zeichnen den moussierenden Birnenschaumwein aus.

Aus Liebe zum Stöffche

Auch nach **Russland** haben die beiden Apfelwinzer ihre Fühler ausgestreckt. Im Januar 2010 reiste Andreas Schneider „der Liebe und der Liebe zum Stöffche wegen" nach Moskau. Vor den Toren der Stadt besuchte er die Apfelkelterei „Jablochny Spas" und knüpfte zu den renommierten Moskauer Weinhändlern Petrunina die ersten deutsch-russischen Apfelwein-Handelsbeziehungen. Erstaunt stellte der Frankfurter Apfelweinexperte fest, dass man in Moskau den Apfelwein genauso wie in Asturien ausschenkt. Andreas Schneider ließ eine Geschmacksprobe vom hessischen Stöffche an der Moskwa zurück. Die Moskauer Weinhändler sind davon so begeistert, dass sie nun deutschen Apfelwein importieren.

Von der Traube zum Apfel

Mit der **Alpenrepublik** verbindet Michael Stöckl eine besondere Leidenschaft. Sein Vater stammt aus Kitzbühel und schon früh interessierte er sich als Sommelier für österreichische Weine. Bei seinen Weinreisen ist er dann auch auf die oberösterreichischen Mostmacher Eva und Norbert Eder gestoßen. Die Eders verarbeiten und vergären alte und vor allem regionale Apfel- und Birnensorten sowie Tafeläpfel sortenrein. Erst nach dem Ausbau im Tank werden die sortenreinen Moste gefüllt oder die Cuvees kreiert. Franz Reisinger vom gleichnamigen Obsthof in der Wachau bewirtschaftet auf 800 Metern am Jauerling seine Obsthaine. Er macht mit dem sehr fruchtigen, zur Hälfte aus Tafelobst gekelterten „Cidre Cuvée Superieur" in der Apfelweinszene auf sich aufmerksam.

Apfelwein im Höhenflug

Im Nachbarland, der **Schweiz**, betreibt Jacques Perritaz seit 2006 die kleine „Cidrerie du Vulcain". Als Biologe und Obstbauer fördert er die einzigartige Landschaft und Biodiversität seiner Streuobstwiesen auf über 700 Höhenmetern. Dabei bedient er sich alter, fast vergessener Apfel- und Birnensorten aus den wenigen verbliebenen Streuobst-Einzellagen rund um Fribourg. Der perlende Cidre nach französischem Vorbild ist laut Perritaz' Meinung die beste Art, die Qualität dieser speziellen Äpfel und Birnen herauszuarbeiten. Die schweizerische Mosterei Möhl füllt ihren Saft vom Fass („Saft" ist die Schweizer Bezeichnung für Apfelwein) in ansprechende Pfandflaschen mit Bügelverschluss ab. Sie bietet auch einen „Saft" ohne Alkohol an.

Apfelwein dank Klimawandel

Einen weißen Fleck auf dem Apfelwein-Globus konnten die beiden Apfelweinreisenden jüngst in Norwegen füllen. In der **Telemark** gibt es seit einigen Jahren Apfelanbaugebiete – der Klimawandel macht's möglich – und es wird Apfelwein in all seinen Spielarten hergestellt. Kommentar des Apfelwein-Sommeliers: „Ein echt geiler Apfelschaumwein, ich konnte gar nicht glauben, dass ein solches Qualitätsprodukt in Norwegen entstehen kann. Aber in Südnorwegen läuft seit geraumer Zeit ein Weinbauprojekt, warum soll es da nicht mit dem Wein aus Äpfeln klappen?"

Eine Philosophie namens Sidra

Als Wiege des Apfelweins gelten **Asturien und das Baskenland**. Bei den Jahrgangspräsentationen Apfelwein im Römer knüpften die beiden hessischen Apfelwein-Aficionados neue, apfelweinige Kontakte zu Eduardo Coto, Expat aus Asturien, Banker, passionierter Apfelweintrinker und Autor beim nordspanischen Sidra-Magazin. Auch er ist beseelt von der Idee, ein internationales Forum für den Apfelwein aus seiner Heimat zu schaffen. Sidra ist ein derber, kräftiger Apfelwein mit Ecken, Kanten und flüchtiger Säure. Wie in der Normandie und im Baskenland arbeitet man auch in Asturien mit einer Mischung von Apfelsorten. Stammen die Äpfel ausschließlich aus Asturien, steht dem Sidra das Prädikat „Denominación de Origen" zu. Das artistische Ausschenken in den landestypischen Sidrerias hat Schauwert: Beim eleganten Überkopf-Ausschenken aus mehr als 1 Meter Höhe in das dünnwandige, becherförmige Sidra-Glas, entweicht ein Teil des derben Tons und durch den Aufprall im Glas entfalten sich die Aromen des asturischen Apfelweins erst richtig. Beim Ausschenken aus luftiger Höhe wird der Sidra zudem mit Sauerstoff durchflutet. Ergebnis: Das Getränk perlt leicht im Glas und wird milder im Geschmack. Die Gläser werden nur zu etwa einem Fünftel gefüllt und dann in einem Schluck ausgetrunken. Sidra wird in großen Keltereien wie Trabanco, traditionell aber auch in fast jedem Haushalt für den Eigenbedarf produziert. Insgesamt werden 45 Millionen Liter Sidra natural plus 40 Millionen Liter Schaumwein pro Jahr hergestellt und getrunken.

Very british: Cyder vom Herrenhaus

Auch auf der anderen Seite des Ärmelkanals, in **Großbritannien**, spricht man dem „Apple Cider", der meist in den drei Kategorien dry, medium und sweet angeboten wird, genüsslich und in Menge zu. Auf „Apell Hall Farm" in der Grafschaft Suffolk wird in der achten

Generation seit 1702 Cyder – klassisch, organic und als englischer Kir – hergestellt. Das Sortiment wurde seit dem Jahr 2000 mit mehr als 20 Auszeichnungen bedacht, unter anderen konnten die Cyder-Maker mit ihrem „Dry Premier Cru" den Titel „Worlds Best Cider", ausgelobt vom „Beers of The World"-Magazin, gewinnen. Beschrieben wird der Premier Cru als Gewürztraminer unter den Cyders.

In England wird der Apfelwein als „Cider" bezeichnet. Dieser wird von trocken bis fast süß ausgebaut und mit Kohlensäure versetzt. Durch die Zugabe von Zucker wird der Cider auf einen höheren Alkoholgehalt als beispielsweise deutsche Apfelweine gebracht. „Cyder" ist die alte Schreibweise, bezeichnet aber auch den Apfelwein, der nur aus Äpfeln ohne Zugaben vergoren wird.

Apfelwein-Hopping

Applewine gibt es auch im Land des Lächelns. In der Nikka Wiskey Distilling Co. wird ebenso „Applewine" produziert wie in kleinen Manufakturen, beispielsweise von Mashino Matukawa. **Japan** und Apfelwein, das mag exotisch anmuten. Die ersten Flaschen sind bereits in Deutschland gelandet und verkostet worden. Hergestellt aus 100 Prozent des extrem süßen Tafelapfels „Fuji" sind diese Apfelweine von Typ her eher Fruchtweine, „alkoholreich und heftig", wie Michael Stöckl den japanischen Streuobstwiesenwein beschreibt. Zwar sind die fernöstlichen Gäste sehr am hessischen Produktionsverfahren interessiert, aber Michael Stöckl ist sich sicher, dass mit japanischem Tafelobst die Qualität eines hessischen Apfelweins nicht nachzubauen ist. Seit 15 Jahren wird Cider auch im Sonoma Country in **Kalifornien**, in direkter Nachbarschaft zu weltbekannten Weinmakern, hergestellt. Etwas exotisch muten die Produkte der Californian Cider Company ACE, die aus Tafeläpfeln hergestellt und mit verschiedenen natürlichen Geschmacksstoffen aufgepeppt werden, allerdings an. „Die Innovationskraft, die in so manchem Kelterer steckt, ist beeindruckend. In kaum einem anderen F&B-Bereich herrscht mehr Aufbruchsstimmung als in der Apfelweinszene", ist Michael Stöckl überzeugt.

Stoff für Zoff – Zank um den richtigen Namen

Ebbelwoi, Äppler, Viez oder Moscht? Apfelwein wird deutschlandweit gekeltert. Allein die Frankfurter streiten mit dem lokaltypischen Hang zur Rechthaberei mit Feuereifer über den richtigen Namen für ihr Nationalgetränk.

Zur intellektuellen Grundausstattung in der Mainmetropole gehört eine ausgeprägte Streitkultur. Der Flughafenausbau, die richtigen sieben Kräuter für die echte Frankfurter Grüne Sauce oder die Frage, welche nun die einzig echte Bezeichnung für den Apfelwein sei, erhitzen die Gemüter und sorgen für Zoff. Auch bei Traditionskeltereien wie Possmann und Höhl. Die stritten beim Frankfurter Landgericht um die Frage, wessen Geistes Kinde der „Ebbler" oder „Äppler" sei. Die Hochstädter Kelterei warb mit der Aufforderung „Höhl Dir den Ebbler" für ihren Schoppen. Das erinnerte die Frankfurter Kelterer bei Possmann zu sehr an die Schreibweise „Äppler", den das Unternehmen 1992 beim Patentamt in München hatte schützen lassen. Das Gericht entschied, wer „Äppler" oder etwas ähnliches wie beispielsweise „Ebbler" sagt, muss auch Possmann meinen. Darüber lässt sich also nicht mehr streiten!

Apfelwein ist ein wertvolles kulturelles und emotionales Stück hessischer Identität. (Roland Koch, ehemaliger hessischer Ministerpräsident)

Aktionsbündnis zur Rettung des Apfelweins

Über die Bezeichnungen „Ebbelwoi", „Äppelwoi" oder „Äppler", „Stöffche" oder „Hohenastheimer" aber schon. Sogar bis nach Brüssel wurde der Streit um den Apfelwein getragen. Nach den Plänen der EU sollte nämlich nur noch das Getränk aus Trauben den Namen „Wein" tragen dürfen, die aus Früchten wie Äpfeln, Birnen oder Kirschen aber nicht mehr. Das machte Kelterer, Verbände und Schoppepetzer mobil, die Aktion „Rettet unseren Apfelwein" wurde initiiert. Auf dem Höhepunkt der Auseinandersetzungen im Herbst 2007 schaltet sich der damalige hessische Ministerpräsidenten Roland Koch bei Europapolitikern und dem Landwirtschaftsminister ein und machte sich für den Erhalt der Bezeichnung Apfelwein stark. Ergebnis: In der EU-Weinmarktordnung wurde die bisherige Passage zur Verwendung des Begriffs Apfelwein beibehalten. Da haben die Hessen den Euro-Agrariern mal gezeigt, wo der Barthel den Most holt. Und schon sind wir beim Wein aus Äpfeln und dessen Namen im Rest der Republik.

Kein babylonisches Sprachgewirr im Süden des Landes

Im Saarland bezeichnet „Viez" den Stoff, der aus Streuobstwiesenäpfel gemacht ist. In Bayern und Franken ist es der „Most", in Thüringen oder Norddeutschland ganz einfach der „Apfelwein". Denn aus dem Geringsten das Beste zu machen, ist eine bäuerliche Tugend. Nicht nur in Hessen. Der Saarländer bewahrt seinen Viez im Viezkrug, der wie der hessische Bembel aus Steingut gemacht wird, auf. Getrunken wird er aus dem traditionellen, becherförmigen Viezglas oder dem Viezporz aus Porzellan. Zwischen Trier und Mettlach denkt niemand im Traum daran, dem süffigen Wein aus Streuobstwiesenäpfeln einen anderen Namen als Viez zu geben. Als süßer Viez wird der frisch gekelterte Apfelsaft bezeichnet.

Innovative Produkte, neues Wording

In Franken heißt der frisch gepresste und unvergorene Apfelsaft „Süßmost". Aus Süßmost wird bei einsetzender Gärung der „Suse" und vergoren dann zum „Most". Nördlich des Weißwurst-Äquators bezeichnet man aber auch den frisch von der Kelter geronnenen Apfel- oder Birnensaft als Most. Ist die Diskussion um den einzigen und richtigen Namen für den Wein aus Äpfeln in Frankfurt und Hessen eher eine dogmatische, variiert der Name im Süddeutschen eher mit dem örtlichen Dialekt von „Most" über „Moscht" bis „Moschd". Die neue Generation der Apfelwinzer macht sowieso was sie will und gibt ihren Produkten Namen von „ApfelZider" bis „ApfelSherry", von „Appleretif" bis „EisApfel", von „Pommeau" bis „flüssiges Dosenobst".

Stoff für Zoff 2.0 – Mokanter Wortwechsel im Social Web

Pomme d'Or, Kaiser Pömmel oder 7App – wortstark veräppeln kreative Köpfe im Facebook-Thread den Kampf der Kulturen um die einzig wahre und richtige Bezeichnung für den Apfelwein.

Schreibt der Odenwälder Apfelwinzer und Gastronom Jürgen Katzenmeier auf Facebook:

„Wer kann mir nachfühlen? Jedes Mal, wenn ein Gast bei uns einen ‚Äppler' bestellt, juckt es mich, ganz dumm zu fragen, was das denn bitteschön sein soll. Ich würde schon gerne wissen, in welcher Sachsenhäuser Kultkneipe die angesagten Bänker und Werber diesen Begriff erfunden haben ... Grausam!!!"

hr-Fernsehmoderator Reinhard Schall (Herrliches Hessen, Hessen Tipp) dazu:

„Lieber Jürgen – ich verstehe Dich: ‚Äppler' klingt etwa so, wie Kartoffelschnaps (...) ‚Stöffsche' finde ich kein bisschen besser und beide Begriffe sind geeignet, den Kundenkreis erheblich zu begrenzen. Aber sag mal was, das nett und gehaltvoll klingt ... Oh Du Goldgelber aus dem Leib leckeren Fruchtfleisches? Lass uns einen Wettbewerb machen ..."

Der Thread nimmt Fahrt auf und Rainer Schäfer, ebenfalls Gastwirt aus dem Odenwald, schreibt:

„Die nur des Hochdeutschen mächtigen quälen sich unheimlich mit dem Wort ‚Ebbelwoi'. Mit ‚Apfelwein' outet man sich als Nicht-Insider. Deshalb ‚Äppler'. Kann doch jeder fehlerfrei aussprechen."

Jürgen Katzenmeiers Antwort an Reinhard Schall:

„Lieber Reinhard, das nenn ich mal eine gute Idee! Vielleicht sollten Michael Stöckl und Andreas Schneider die gelungenste Wortschöpfung auf dem nächsten ‚Apfelwein im Römer' prämieren á la ‚Pomme d'Or' oder ‚Goldebbelsche'!"

Ingrid Schick, Fachbuchautorin, waschechte Hessin und mit „Äbbelwei" aus Opas Keller groß geworden, kann nicht länger schweigen:

„Kleine Nachhilfe in Äpplerologie für Zugereiste aus dem Odenwald und Berlin: Kein Bänker oder Werber in einer Sachsenhäuser Szenekneipe, vielmehr die traditionsreiche Frankfurter Kelterei Possmann hat den Claim – um mal im Werbersprech zu bleiben – ‚For Äppler young' für sich kreiert. Ist mittlerweile rechtlich geschützt. Aber wortstarker Kreativwettbewerb zur Jahrgangspräsentation (Apfelwein im Römer) 2011 ist eine klasse Idee."

Da hat der hr-Moderator seine Bedenken:

„Ich weiß nicht, ob die Erfindung eines – sagen wir mal – nicht ganz geraden Spruches, der das Neu-Hessische mit Englischem verbindet (...), das Wort Äppler besser macht. Das zum einen. Dann hätte ich gerade mit P. vielleicht noch ein Problem. Ich bin mir nicht ganz sicher, ob dieses Unternehmen sein Konzentrat nicht aus China bezieht ... In diesem Falle sollte man dann das Wort ‚Äppler' durch chinesische Schriftzeichen darstellen?"

Der Apfelweinexperte aus dem Odenwald dazu:

„Lieber Reinhard, was die sprachliche Regelung angeht, sehe ich es genau so, wie Du. Soweit ich weiß, bezieht die Firma P. ihre Äpfel aus dem Taunus, Odenwald etc. Wenn's mal nicht reicht, kommen Äpfel vom Alten Land, Bodensee und Osteuropa (Ungarn, Rumänien etc.) dazu. Das dürfte bei den Kelterern in dieser Größenordnung gängige Praxis sein, sonst wäre der Apfelwein zum Beispiel im Jahr 2011 im April schon ausgetrunken. (...) Herr P. sen. war kürzlich bei uns und bestellte einen ‚Äppelwein', was wohl die klassische Frankfurter Aussprache sein dürfte. (...)"

Reinhard Schall:

„Verehrte Renettenracker, liebe Jonathanjünger, geschätzte Boskoopbesessene – ich sehe dem Wortschöpfungswettbewerb mit Vergnügen entgegen, ahne aber, das aufgrund des eingeschränkten Wirkungskreises dieses alkoholischen Fruchtgetränks der ordinäre Äppler nicht zu verdrängen sein wird ..."

Steilvorlage für Ingrid Schick:

„Renettenracker & Co – spitze! Aber der Wein von Äpfeln hat gar keinen eingeschränkten Wirkungskreis! Hessische Legendenbildung. Oder Münzenberger? Angelika (Zinzow) und ich haben Apfelwinzer von der Ostseeküste bis ins tiefste Franken, von der Frontlinie im Saarland bis im Thüringer Outback ausfindig gemacht ... und besucht. Von Asturien bis Russland, von Norwegen bis nach Kanada ganz zu schweigen. (...)"

Reinhard Schall @Ingrid:

„Es war sozusagen Inselhopping. Hier mein erster Vorschlag für den Wettbewerb: ‚Pömmel' (und wehe, da macht in Sachsenhausen einer ‚Pömmelsche' draus!) Pömmel wurde in diesem Moment weltweit urheberrechtlich geschützt ..."

Jürgen Katzenmeier:

„Lauthalsgelachthabdankedirreinhardyoumademyday!!!"

Wortreich am nächsten Morgen:

„Die Münzenberger Kreativabteilung hat nochmals getagt und fand Poemmel nach wie vor am schönsten und bietet folgende Erweiterungen an:
1. Kaiser Poemmel (der Edelste)
2. Chavalier Poemm (die spritzige Variante)
3. Graf Poemmel
4. Mac Poemmel (für die Preisbewussten)
Wahlweise sind wir dann doch auch dem Englischen ein wenig näher getreten und fanden das Folgende auch nicht übel: App. Inzwischen weiß jeder, was ein App ist ... aber so noch nicht. Dieses bekommt man nicht im App Store.
‚7App' (die alkoholfreie Variante)
‚App Zisch' (der Gespritzte)
Nun aber viel Vergnügen und alle Begriffe sind wiederum weltweit urheberrechtlich geschützt ...

WEIN AUS ÄPFELN WIRD NIE LANGWEILIG. IMMER WIEDER TAUCHEN NEUE APFELSORTEN AUF, VON DENEN MAN OFT NOCH NICHT EINMAL DEN NAMEN KENNT UND VON DENEN MAN NICHT WEISS, WIE SIE SCHMECKEN ODER SICH BEIM KELTERN UND AUSBAU ENTWICKELN.

Der Apfelweinpionier

JÜRGEN SCHUCH, SCHUCH'S RESTAURANT
Entrepreneur der Apfelweinszene

Im Eingang zu Jürgen Schuchs Restaurant liegt eine große Glasplatte. Die gibt den Blick auf den Keller frei. In Edelstahltanks auf schmalen Beinen gärt hier der Most, in Regalen liegen fein säuberlich sortiert edle Tropfen von Weintrauben und Äpfeln. Immer wieder im Herbst krempelt der Maître selbst die Ärmel hoch. Dann werden in der hauseigenen Kelterei mit Schauwert die reifen, prächtigen Äpfel in allen Farben von zartem Gelb bis intensivem Rot tonnenweise von den Wagen geschaufelt, aus Säcken geleert und von ihm selbst gekeltert. Jürgen Schuch stellt seit 22 Jahren Apfelwein her. Mit Fug und Recht darf er als einer der Pioniere der neuen deutschen Apfelweinszene bezeichnet werden, die erfolgreich am Imagewechsel des Apfelweins vom banalen Zecherschoppen zum seelenvollen Premiumprodukt arbeitet. Er ist einer der ersten Apfelwinzer, der sortenreine Apfelweine mit Jahrgangs- oder Lagenmerkmalen macht.

Vielfalt statt Uniformität

Zu seinen Spezialitäten gehören innovative Mixturen wie „Apfelwein mit Quitte", „Apfelsherry", „ApfelPorto" und Apfelschaumweine wie sein „BoSecco", ein Apfel-Asti vom Boskoop. Die Idee für den tiefroten Apfelwein aus Bad Zwestener Äpfeln und Schlehen entstand nach seinem Burn-out 2007 und dem anschließenden Besuch im oberhessischen Kurort. Jürgen Schuch kann es nun einmal nicht sehen, wenn Äpfel nicht geerntet werden, vom Baum fallen und vergammeln. Also sammelte er mit Genehmigung der Bad Zwestener Kurparkverwaltung die seltenen Früchte des Bittenfelder Apfels in der Baumallee und vollreife Speierlinge, die der Volksmund in Hessen „Drecksäckcher" nennt. Der speisaure Speierling wird wegen seiner adstringierenden Wirkung bei der Apfelweinproduktion verwendet. Dadurch erhöht sich die Haltbarkeit des Apfelweins und der Obstwein wird hochtöniger und erhält seine goldgelbe Farbe. Vollreif und dann dunkelbraun ist der Speierling nicht mehr zu pressen. Die Frucht, die gar nicht zu den Äpfeln zählt, vielmehr eine Beerenart ist, schmeckt dann allerdings süß, fast wie Marzipan. Jürgen Schuch macht mit Speierling nicht nur Apfelwein, sondern er kreiert daraus Süßspeisen wie Tiramisu, Mousse oder Speierling-Eis. Wie es das Apfelwinzerschicksal 2007 wollte: Es gab auch noch 30 Kilo Schlehen gratis dazu. Alles zusammen vergor Jürgen Schuch in einem 220 Liter Barriquefass aus dem Rheingau. Darin wurde zuvor Spätburgunder ausgebaut. Das Ergebnis im ersten Jahr: ein trockener Apfelwein, dunkelrot wie ein Cabernet Sauvignon. Im zweiten Jahr war der Apfelwein aus denselben Früchten so hell wie ein Portugieser. „So unterschiedlich kann das handwerklich hergestellte Naturprodukt Apfelwein sein – und gerade das macht meine Arbeit auch so spannend."

Icecider made in Hessen

Sein neuester Geniestreich: Eiswein vom Apfel mit 8,5 Volumenprozent, der bei der Verkostung goldgelb mit fruchtig-frischen Apfelnoten über die Zunge rinnt und die Geschmacksnerven aufs Angenehmste kitzelt. Inspiriert von seinen Kollegen in Kanada, in der Bretagne und Normandie sowie mit dem für gelungene Experimente nötigen Quäntchen Glück entstand 2009 der erste Jahrgang seines „EisApfels". Darauf angesprochen, muss Jürgen Schuch, der sich auch für fernöstliche Weisheiten interessiert, lächeln. „Unser Eisapfel ist, wenn man so will, ein Zufallsprodukt ... und der Zufall sucht den vorbereiteten Geist! Wie unser Apfelsherry oder der Quittenapfelwein auch." Also doch kein Zufall? „Auf jeden Fall haben wir 2009 die Boskoopäpfel sehr lange am Baum hängen lassen – bis in den November hinein. Nach der Ernte wollte ich die Äpfel noch etwas liegen lassen und dann Anfang Dezember keltern. Das macht man übrigens in der Normandie und Bretagne genauso. Dann kam aber der Frost dazwischen, minus 18 Grad Celsius. 1,2 Tonnen Boskoop, übrigens mein Lieblingsapfel, waren also tiefgefroren. Erst kurz vor Weihnachten kam das Tauwetter. Und dann war Eile geboten. Wären die Äpfel aufgetaut, dann hätten wir nur noch Matsch gehabt." Jürgen Schuch zögerte nicht lange, am 23.

Sie sind ein experimentierfreudiger Kellermeister. Wohin geht die Entwicklung beim Apfelwein?
Ich denke, bei der Sortenvielfalt und den verschiedenen Methoden und Möglichkeiten in der Herstellung, wird sich der Apfelwein in den Qualitäten und der Auswahl dem Image des Traubenweins annähern.

Die Philosophie in Schuch's Restaurant lautet: Kreative Regionalküche mit Apfelwein in Szene setzen. Wie machen Sie das?
Ich benutze dabei gerne das Wort „interregional" und meine damit: Zeitgemäße wie internationale Gerichte setze ich saisonal mit regionalen Produkten und Zubereitungsarten um. Zum Beispiel unser „Äppelwoihinkelsche" mit Dörrobst in Apfelrotweinsauce. Aus Frankreich kam der „Coq au vin" über den Rheingau als „Weinhinkelchen" zu uns. Was lag näher, als ein „Apfelweinhinkelsche" daraus zu machen? Dazu kommt, dass ich ständig in diesem kreativen Prozess der Veränderung bin und mich Langeweile überkommt, wenn ich etwas tue, weil man das schon immer so gemacht hat …

Was ist das Erfolgsrezept kleiner Apfelweinmanufakturen gegenüber den großen Keltereien?
Die kreative Nutzung der vielfältigen Möglichkeiten, die das Thema Apfel birgt und die individuelle Umsetzung ohne Bedenken und ohne die ängstliche Beobachtung von Marktanalysen, Kundenverhalten und Kundenerwartungen.

Dezember wurde die gesamte, eingefrorene Boskoopernte auf die Presse gepackt und gekeltert. „Über 100 Grad Öchsle", strahlt Jürgen Schuch noch heute.

Die Kunst des Kellermeisters

Im gut temperierten Schuch'schen Keller reifte der hochgradig süße Apfelmost unter Zugabe einer speziellen Süßweinhefe zu einem edlen Tropfen heran. Bereits Ende Januar des Folgejahres wurde der Apfeleiswein vom Kellermeister von der Hefe gezogen. „Weil so früh abgefüllt, ist die Frische und Restsüße des Boskoops erhalten geblieben. Ich bekomme immer wieder Gänsehaut, wenn ich an die Entstehung und die Qualität des Produkts denke", gesteht Jürgen Schuch nicht ganz ohne Stolz. Und er weiß auch, dass es nicht gelingen wird, noch einmal dasselbe Produkt zu kreieren. „Ich werde nämlich keinen Frostcontainer bestellen, entweder wir bekommen noch einmal ähnlich günstige Bedingungen für die Produktion des „EisApfels" oder ich lasse es. In handwerklicher Produktion kann man nichts erzwingen."

Der Purist

ALEXANDER PILLING, RÖTTLEMISCH HOF
Thüringens einziger Apfelwinzer

Im 130-Seelen-Dorf Röttelmisch in einem der reizvollsten Seitentäler des Saaletals, dem Reinstädter Grund, und nahe der drei Kulturstädte Jena, Weimar und Rudolstadt, liegt der 250 Jahre alte Hof der Familie Pilling. Die Bewohner des wunderschön renovierten Fachwerkensemble sind der Regionalentwickler Alexander Pilling, seine Gattin Gabriele, Leiterin des Seniorenbüros des Landkreises, die Kinder Caroline und Friedrich, sowie eine verschmuste Katze, ein unternehmungslustiger Hund. Alexander Pilling erarbeitet nicht nur nachhaltige und umweltschonende Konzepte wie beispielsweise für die Einführung von regionalen Produkten in die Schulverpflegung oder Ausgleichs- oder Infrastrukturmaßnahmen für seine Auftraggeber. Auch auf dem eigenen Hof wird nach umweltfreundlichen Prinzipien gearbeitet, gewirtschaftet und gelebt.

> AUS MEINEM KELLER WIRD ES IMMER NUR OBST- UND APFELWEINE GEBEN, DIE SICH AUF DEN CHARAKTER DER VERARBEITETEN SORTEN UND DER STREUOBSTWIESE BEZIEHEN. UND DER KANN SEHR UNTERSCHIEDLICH SEIN, DENN FRUCHTSÜSSE, SÄURE UND ALKOHOLGEHALT SOWIE DIE MIKROKLIMATISCHEN STANDORTBEDINGUNGEN VARIIEREN VON JAHR ZU JAHR.

Familie Pilling kümmert sich um den Fortbestand der Streuobstwiesen

Zum nachhaltigen Lebens- und Arbeitskonzepts gehört es bei Familie Pilling auch, sich um die alten Streuobstwiesen in der Nachbarschaft zu kümmern. Denn der Reinstädter Grund ist bedingt durch seine geografische Lage, die geologische Ausstattung, seine klimatischen Bedingungen und die Kulturgeschichte für den Streuobstanbau prädestiniert. Hier, nahe des Weinbaugebietes Saale-Unstrut, gab es bis ins 19. Jahrhundert ebenfalls Weinbau. Klimaschwankungen und die Reblaus brachten das Aus für die Reben. In der Folgenutzung wurden hochstämmige Obstbäume gepflanzt, eine florierende Obstbaukultur entstand. Das Obst wurde entweder als Tafelobst vermarktet oder getrocknet und ging als Dörrobst in die ganze Welt. Nach dem Krieg war plötzlich Schluss mit dem Obstanbau im großen Stil, die Streuobstwiesen verwilderten in der Folgezeit zunehmend. Erst seit Mitte der 1990er-Jahre wird dieser traditionelle Wirtschaftszweig durch Pflege, Neupflanzung und die Veredelung von Produkten wiederbelebt. „Mittlerweile wurden in der Region rund um den Schönberg mehr als 1.500 Obstbäume angepflanzt, auch als Ausgleichsmaßnahmen für Straßen- und Autobahnbau rundum. Durch die Neuanpflanzungen können wir einen Teil des zusammenbrechenden Altbestandes kompensieren."

Schon bei der Oma blubberte Hagebuttenwein

Obstweinherstellung hat Tradition bei der Familie Pilling. Alexander Pilling betrachtet seine Obstkelterei jedoch auch aus dem Blickwinkel seiner planerischen Arbeit in der Region. Wie kann man die Kulturlandschaft im Reinstädter Grund erhalten? Wie kann man regionale Wertschöpfungsketten schaffen und dabei auch noch gute Obstweine herstellen? Wie kann das gehen, dass man alles unter einen Hut bringt und dazu einen wirtschaftlichen Hintergrund schafft? Mit diesen Fragen im Kopf reiste Familie Pilling durch Europa, um sich von Vermarktungskooperativen und Herstellern inspirieren zu lassen. Nicht weit entfernt von St. Paul in Kärnten an der slowenischen Grenze wurden sie bei der Initiative von Mostbauern „Mostbarkeiten – Kostbarkeiten" fündig. „Dort haben wir gesehen, wie man dem Traubenwein gleich das Spezielle, das Besondere aus dem Rohprodukt herausarbeitet. Und weil unsere Kelterei gut 750 Kilometer weit entfernt ist, konnten wir auch unbefangen über alle Prozesse mit den Produzenten dort reden", fügt der Freizeit-Obstbauer schmunzelnd hinzu. „Entstanden ist ein lebendiger Kontakt."

Apfelvielfalt spiegelt sich in den sortenreinen Apfelweinen wider

In Alexander Pillings Nebenerwerbskelterei werden die Äpfel gepresst und zu einem feinen, herben Apfelwein ausgebaut. „Unter unseren derzeitigen klimatischen Bedingungen und mit den vorhandenen, zum Teil überalterten Streuobstbeständen können wir auf unseren eigenen Pachtflächen keine einigermaßen regelmäßigen Erträge erzielen. Deswegen arbeiten wir während der Streuobsternte mit mehreren Wiesenbesitzern aus der Region zusammen. Damit bleibt der Charakter des regionalen Qualitätsprodukts ‚sortenreiner Apfelwein' erhalten. Die Besonderheit ist

aber, dass jedes Jahr andere Apfelsorten für unsere sortenreinen Weine zur Verfügung stehen. So kann man im Apfelwein einen kleinen Ausschnitt von der unschätzbaren Vielfalt, die die Natur für uns bereithält, schmecken."

Zur Pilling'schen Philosophie gehört explizit die handwerkliche Herstellung des Produkts. „Unsere Stärke ist es, auch sehr kleine Partien bearbeiten zu können. Das heißt, vom Anreißen der Zelle im Hexler bis zum Abfüllen des Safts ins Fass vergehen maximal 10 Minuten. Das verhindert die Oxidation, die ja der größte Feind des Wein- und Apfelweinherstellers ist." Vergeht zu viel Zeit zwischen Pressen und dem Verschluss im Tank oder Fass, dann setzt die Oxidation ein: Der Saft verfärbt sich bräunlich und verliert seine Aromen und Geschmacksstoffe. „Es gibt zwar chemische Methoden, um das hinauszuzögern, aber wenn man den Verarbeitungsprozess schnell organisiert, kann man auf die Zugabe von Hilfsmitteln verzichten. Dann behält der Saft sein Aroma, seine Fruchtfülle und seinen sortentypischen Charakter."

Apfel ist nicht gleich Apfel

Von der Kanadarenette mit rauer Schale, aber hervorragendem Geschmack gibt es im Reinstädter Grund nur noch wenige Bäume. Wenn der Baum trägt, kann Alexander Pilling davon etwa 100 Liter Apfelwein machen. Eine weitere seltene Sorte ist die Lokalsorte Spätblüher von Bockedra. „Großbockedra ist ein Dorf in der Nähe von Jena, mit einer Wein- und Obstbautradition. Dort wurde die Sorte um 1940 gefunden. Seither hat sie sich in der Region verbreitet. Heute gibt es nur noch wenige Bäume. Einer davon steht im Reinstädter Grund und den beernte ich", erzählt der thüringische Apfelweinkelterer. Bei Raritäten wie dem Edelborsdorfer, einem eher unscheinbaren, grün-gelben Apfel mit Warzen, aber mit tollem Apfelgeschmack, kommt Alexander Pilling total ins Schwärmen:. „Dieser Baum hat einige Vorzüge, zum Beispiel hat er eine lange Ertragsspanne von etwa 120 Jahren. Das ist schon etwas Besonderes. Und in den Kochbüchern aus der Gründerzeit steht nicht, man nehme einen Apfel, vielmehr man nehme einen Edelborsdorfer. Jeder Mensch wusste damals, was für ein feiner Apfel der Edelborsdorfer ist. Ich kenne in Thüringen noch ganze vier Bäume." Wo die stehen, das behält Apfelexperte Pilling lieber für sich. „Ich habe einmal Apfelwein von diesen Äpfeln gemacht, der war exorbitant gut … und deswegen nie im Verkauf!" Zu der Sortenvielfalt in der Region haben auch die Lehrer der Schaffner'schen Lehr- und Erziehungsanstalt seit 1864 beigetragen. Der Reformpädagoge Dr. Siegfried Schaffner schuf hier nicht nur eine Schule mit Turnhalle, schönen Räumen für Schüler und Lehrer und das erste Freibad Thüringens. Die Lehrer, damals noch Universalgelehrte, haben sich auch im Obstbau engagiert, Streuobstwiesen angelegt und an der Obstveredelung mitgearbeitet. Ihnen verdankt der Reinstädter Grund auch eine Sorte, die der Pomologe nicht klar bestimmen kann. „Die Leute hier kennen die Sorte als Englischen Gewürzapfel, der wahrscheinlich auf die Obstbau-Aktivitäten der Schule zurückzuführen ist."

WENN ANDERE ÜBER MEINE ANBAU- UND
PRODUKTPHILOSOPHIE SAGEN
›DER SPINNT JA‹, DANN WEISS ICH,
DASS ICH AUF DEM RICHTIGEN WEG BIN.

Der Viez-Schmecker

WOLFGANG SCHMITT, APFELGUT SCHMITT
Viez mit Charakter

Was den Frankfurtern ihr Apfelwein, den Bayern und Württembergern ihr Most, den Franzosen ihr Cidre, ist den Saarländern ihr Viez. Dabei sind sich Viez und Cidre geschmacklich und geografisch am nächsten. Im Saarland wird wie bei den französischen Nachbarn aus Äpfeln ein alkoholhaltiges Erfrischungsgetränk hergestellt. Die Bezeichnung Viez wird zurückgeführt auf das lateinische „Vice vinum", was so viel bedeutet wie „Stellvertreter des Weins". Wolfgang Schmitt verbindet beide Weintraditionen: Auf seinem Apfelgut wachsen die Obstbäume auf den aufgelassenen ehemaligen Rebhängen.

Äpfel + Birnen = Viez

Unterhalb der ehemaligen Weinhänge, auf denen Wolfgang Schmitt seine Streuobstwiesen pflegt, rauschen die Saar ... und der Verkehr auf der Autobahn. Der Blick schweift über eine hügelige, alte Kulturlandschaft. Bei einem ausgiebigen Spaziergang über die Streuobstwiesen, auf denen alte Obstsorten von Kaiser Wilhelm bis Judenapfel gedeihen, sind bei genauerem Hinsehen auch die Überreste der ehemaligen Frontlinien mit Bunkern und Wällen aus zwei Weltkriegen zu entdecken. „Wir sind nur knapp 10 Kilometer von der Grenze zu Frankreich entfernt", erklärt Wolfgang Schmitt die Funde inmitten seiner Wiesen. Über alle Grenzen und Kriege hinweg haben der Wein- und Obstbau im Saar-Mosel-Gebiet eine lange Tradition. Schon die Römer, die hier siedelten, brachten Reben mit in die Region und kannten verschiedene Apfel- und Birnensorten, schätzten den vergorenen Saft dieser Früchte. Der trocken-spritzige Wein aus Äpfeln und/oder Birnen heißt im moselfränkischen Sprachraum „Viez". Bis ins 19. Jahrhundert wurden die Äpfel auf vielen Bauernhöfen als belebendes Getränk für kalte Wintertage gepresst. Und im Sommer war der Viez eine kühle Erfrischung bei der Arbeit auf den Feldern. Vergoren und gelagert wurde er früher ausschließlich in Holzfässern, heute jedoch auch in Kunststoffbehältern oder -tanks. Der Herstellungsprozess entspricht weitgehend dem üblichen für Apfelweine. Viez wird nicht immer mit zugesetzter Hefe hergestellt. Für den Hausgebrauch wird der Most oft spontan vergoren, wobei die meist vorhandenen Milchsäurebakterien dem fertigen Produkt einen eigenständigen Charakter mit einem Restgehalt an Kohlensäure verleihen.

Porz Blitz

Geripptes oder Designer-Weißweinglas? Diese Frage stellt sich im Saarland nicht. Denn hier ist das korrekte Trinkgefäß für den Viez die „Viezporz". Nomen est omen? Der Viezporz ist aus Porzellan oder Steingut, was der Tradition der Porzellanmanufakturen (250-jährige Firmengeschichte von Villeroy & Boch) in der Region geschuldet sein mag. In früheren Zeiten bewahrte man den Viez in größeren Steingutgefäßen (Viezkrug), ähnlich dem Bembel im Frankfurter Raum, auf. Damals hatte der Viez wegen seines niedrigen Preises und Ermangelung anderer alkoholischer Getränke sowie der Einfachheit der Herstellung und der Haltbarkeit einen – vornehmlich bei der ärmeren Bevölkerung – sehr hohen Stellenwert.

Viez modern

Vom diesem etwas derben Charakter sind die feinen, nuancenreichen Produkte, die Wolfgang Schmitt herstellt, weit entfernt. Ganz der Tradition der Streuobstwiese und ihrer Funktion in einem bäuerlichen Betrieb verpflichtet, plant er seine Viez-Produktion von der Streuobstwiese bis in den Keller. Bei seinen etwa 600 eigenen Apfelbäumen, handelt es sich zu 70 Prozent um einen alten bis sehr alten Hochstammbestand. Darunter Sorten mit wohlklingenden Namen wie Kaiser-Wilhelm-Apfel, Rheinsicher Winterrambur und Goldparmäne, aber auch Raritäten wie der Judenapfel. Die Viezäpfel (auch Holzäpfel genannt) dürfen auch nicht fehlen. Die meist kleinen, sauren, sehr aromatischen Sorten, die kaum für den direkten Verzehr geeignet sind, ergeben recht viel Most und liefern die für die Vergärung benötigte Säure. Denn im Gegensatz zum hessischen Apfelwein wird der Viez nicht mit Speierling verkeltert. „Ich keltere bewusst nicht sortenrein, vielmehr ist es mein Anliegen, den Geschmack einer Wiese in die Flasche zu bringen. Denn auf unseren Streuobstwiesen stehen verschiedene Apfelbäume nicht ohne Grund beieinander. Die wurden nach dem jeweiligen Geschmack des Besitzers zusammengestellt. Also ob er einen säurebetonten, einen fruchtigen oder eher einen lieblicheren Ton im Viez bevorzugte. Und die Hausfrau bekam noch einen oder zwei Bäume für ihren Gebrauch in der Küche, zum Beispiel für Apfelkuchen oder Gelee, dazu gepflanzt. Ein Quittenbaum und ein Holunderstrauch gehören für mich ebenfalls auf eine Streuobstwiese."

Goldener Viezapfel für experimentierfreudigen Kelterer

Mit diesen Zutaten experimentiert Wolfgang Schmitt nun. Vermählt miteinander, was seiner Meinung nach zusammengehört: Quitte mit Apfel zum „Quitten-Viez", Holunder und Apfel zum „Holler-Viez". Schmitt´s Spielarten des Viezes haben zwischen 5,4 und 7,2 Volumenprozent Alkohol. Eine Rarität in der Region: die bei frostigen Temperaturen gekelterte „Apfel-Eislese". Andere Viez-Experimente wie ein Viez-Secco landen auch mal im Ausguss, wenn sie unerwartet in der Flasche nachgären und die Korken zur Explosion bringen.

Wir haben bei unserem Besuch eine der rar gewordenen Flaschen ergattert und waren von dem feinperligen, fruchtigen „Saar-Secco" begeistert.

Streuobst ist aufgrund seiner hohen Qualität und speziellen Eigenschaften wie einem hohen Säuregehalt unverzichtbar für hochwertige Produkte wie beispielsweise Fruchtsäfte und Viez, dem Nationalgetränkt der Saar-Mosel-Region.

Jedes Jahr verleiht die touristische Region Saargau den goldenen Viezapfel für den besten Viez. Dreimal konnte Wolfgang Schmitt in den vergangenen Jahren die begehrte Auszeichnung mit nach Hause nehmen. Neben Apfelsaft und Viez werden die reifen Früchte von Therese Schmitt, der Dame des Hauses, zu Viez-gelee und Apfelessig verarbeitet. Eine feurige Eigenkreation ist der Magenbitter, auf einer Basis aus Apfelschnaps, grünen Walnüssen und Kräutern (Tradition seit Generationen im Dorf) hergestellt.

Genussreise

Noch immer hat das Saarland den Ruf eines Industrieviers. Das ist aber ein alter Hut. Die Viezregion kann man ganz gemütlich auf der gleichnamigen Ferienstraße, die sich auf 147 Kilometern von Wallerfangen bis Konz durch das Saarland bis nach Rheinland-Pfalz schlängelt, entdecken. Mit Hinweisschildern gekennzeichnet, soll die Viezroute Touristen auf das traditionsreiche Getränk aus Äpfeln und/oder Birnen mit all seinen Nebenprodukten (alleine mehr als hundert Brennereien an der Viezstraße veredeln Äpfel und anderes Obst von der Streuobstwiese zu Obstwässern) sowie auf die Sehenswürdigkeiten entlang der Wegstrecke aufmerksam machen. Überall auf den Dörfern laden von Mitte September bis Ende Oktober Erntefeste zum Feiern und Vespern ein.

www.viezstrasse-online.de

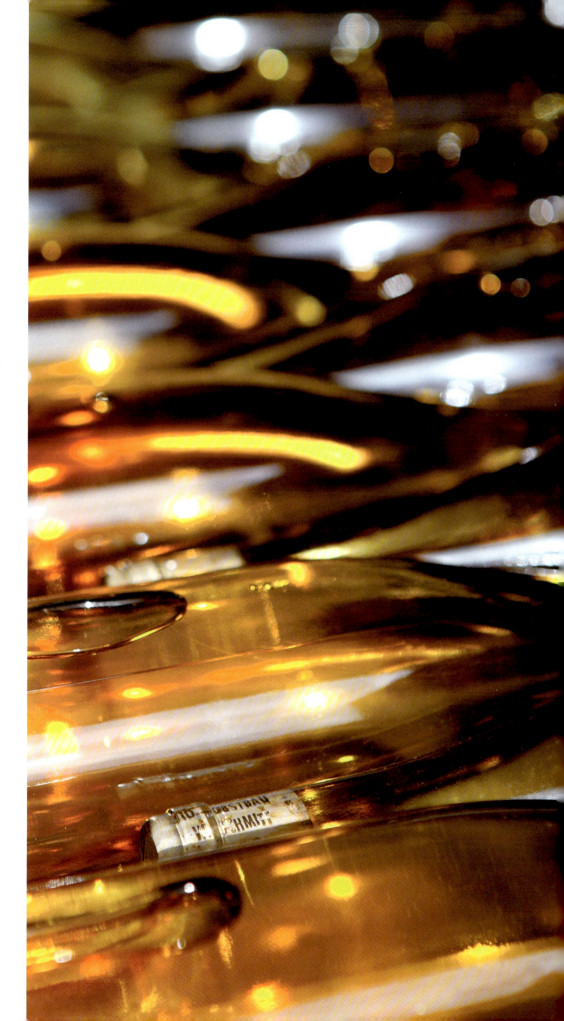

Die Streuobstwiesen-Aktivisten

RUDOLF SCHWAB, ALLFRA REGIONALMARKT FRANKEN
Erfolgsmodell Streuobstwiese

Auf landschaftsprägenden Streuobstbäumen in der mittelfränkischen Region Hesselberg wächst edles Obst, begünstigt vom milden Klima. Schmucke Dörfer und sanfte Hügel – eine Bilderbuchlandschaft erfreut Einheimische und Besucher. In kaum einer Region Bayerns gehören Streuobstbestände so zum täglichen Leben der Bevölkerung wie hier. Damit das Obst weiterhin aufgelesen und verwertet, die Bäume gepflegt und die regionalen Wirtschaftskreisläufe gestärkt werden, wurde 2006 die Vermarktungsgesellschaft, „allfra Regionalmarkt Franken" gegründet. Eine Erfolgsstory!

» WIR WISSEN, DASS DER ERHALT DER LANDSCHAFTPRÄGENDEN STREUOBSTWIESEN LANGFRISTIG NUR GELINGT, WENN DIE ERTRÄGE AUS DIESEN BESTÄNDEN WIRTSCHAFTLICH VERWERTET WERDEN. «

Most feiert fröhliches Revival

Most, also zu „Wein" vergorener Saft von Äpfeln und Birnen, hat in der Region um den Hesselberg eine lange Tradition. Zwar geriet das Mosttrinken in den vergangenen Jahrzehnten aus der Mode, aber zunächst heimlich, still und leise, seit dem Beginn des neuen Jahrhundert vehement, erleben Streuobstwiesen eine Renaissance und das Mosten feiert bei immer mehr nachhaltig denkenden Genießern ein fröhliches Revival. 2006 schlossen sich 34 passionierte Hesselberger und Aktivisten auf Initiative und mit Unterstützung des Landschaftspflegeverbandes Mittelfranken, darunter Landwirte, Bürgermeister, Gastronomen, Obstwiesenbesitzer, Vertreter von Obst- und Gartenbauvereinen oder öffentlichen Einrichtungen, zu einer Produktions- und Vermarktungsgesellschaft, der „allfra Regionalmarkt Franken GmbH", zusammen. „Ziel war es, die Obstbaumbestände zu bewahren, faire Ankaufpreise an die Obstbauern auszuzahlen und gute, wettbewerbsfähige Produkte aus diesem Obst herzustellen, kurz die Streuobstwirtschaft in der Region wieder attraktiv und wirtschaftlich zu machen", erklärt Geschäftsführer Rudolf Schwab.

Erfolgsmodell

Geschäftsführer Schwab entscheidet zusammen mit dem Beirat über die Geschäftspolitik der Regionalvermarkter. Von 16.000 Euro Umsatz im Jahr der Geschäftsgründung hat sich der Umsatz von allfra auf 280.000 Euro gesteigert. Mehr als 1000 Tonnen Äpfel und Birnen wurden seit 2006 aufgekauft, allein im Jahr 2010 gut 170.000 Liter an Säften produziert. „Weiter Steigerungen um jährlich 10 Prozent sind auch in den nächsten Jahren locker drin", ist Schwab begeistert. Das regionale Netzwerk greift: 4000 junge Obstbäume wurden seit Gründung der „allfra" vom Landschaftspflegeverband gepflanzt. Tendenz steigend. Und weil es ohne Bienen keine Äpfel und Birnen gibt, kümmert man sich auch um die Erzeugnisse der heimischen Imker und vermarktet deren Honig.

Vom Baum direkt in die Flasche

Der Andrang am letzten Sammeltag, einem Samstagvormittag, ist groß. An allen elf Obstsammelstellen sind die Helfer mit der Annahme von Äpfeln und Birnen beschäftigt, schleppen Kisten und Körbe mit Obst, hieven schwitzend Säcke auf die Obstwaage, prüfen kritisch die Qualität der von den Streuobstwiesenbesitzern angelieferten Früchte. „Nur gutes, vollreifes Obst kann zu einem guten Saft gepresst und zu einem Qualitätsprodukt weiterverarbeitet werden", weiß Rudolf Schwab. Mit faulem Obst leiden der Geschmack und die Qualität von Säften, denn an faule Äpfel und Birnen entstehen Schimmelpilze. Diese wiederum produzieren einen Giftstoff namens Patulin, der in geringen Dosen sicher nicht schädlich ist, aber den Geschmack von Säften verändert. Patulin ist auch mit der Pasteurisierung der Säfte (Erhitzung auf 83 Grad Celsius) nicht unschädlich zu machen.

Mosten ist wieder in

Vor der kleinen Kelterei des Obst- und Gartenbauvereins in Beierberg fahren am Sammeltag die Autos mit Anhängern oder Pickups mit der reichen Ernte im 15-Minuten-Takt vor. Vom Auto geht's direkt auf die Waage, zur Qualitätskontrolle und dann ab in die Waschanlage und auf die moderne Bandpresse. „Wir sehen es als Verpflichtung, das gute Obst, das uns geliefert wird, innerhalb von maximal 20 Stunden zu Saft zu verarbeiten", sagt Keltermeister Müller. Da kommt der 90-jährige Senior mit dem Enkel, junge Familien mit Kindern oder Ehepaare im gesetzten Alter – alle sind vom Streuobstwiesenvirus infiziert. Obst hegen, pflegen, ernten und sammeln lohnt sich wieder, denn allfra kauft das Obst zu einem Preis, der deutlich über dem üblichen auf dem Markt liegt. Dadurch wird die aufwendige Handarbeit beim Pflücken und Auflesen sowie die Pflege alter und die Anpflanzung junger Bäume wieder rentabel. „Das Beste hier ist, dass man den Saft von den eigenen Äpfeln oder Birnen wieder mit nach Hause nehmen kann", sagen aber die meisten Lieferanten. Die müssen mit ihrer Unterschrift auch bestätigen, dass alle angelieferten Äpfel und Birnen aus einem Gebiet 30 Kilometer rund um den Gipfel des Hesselberges stammen und nicht gespritzt sind. Damit bietet die Vermarktungsgesellschaft einen klaren Herkunftsnachweis.

Alles Apfel, oder was?

Vom naturtrüben Apfelsaft bis zum Holler-Secco, dessen Holundernote durch die Zugabe eines „wässrigen Auszugs aus Holunderblüten" entsteht, bis zum sortenrein gekelterten und ausgebauten Apfelsecco vom Boskoop und Bohnapfel, der über Reinzuchthefen zu Most ausgebaut wird, reicht die Produktpalette. Eine Spezialität ist die „Perlende Birne". Grundlage dafür ist der Saft aus speziellen Mostbirnen, von denen man im Volksmund behauptet: „Dou ziachts de' alles zsamm!". Das sind genau die richtigen Früchte für die Perlende Birne, keine zartschmelzenden und süßen Birnen, vielmehr die vor lauter Säure kaum essbaren wie die Oberösterreichische Weinbirne, Schweizer Wasserbirne, Grüne Jagdbirne oder Mollebusch. Die Weiterveredelung des Safts in traditioneller Flaschengärung dauert etwa 9 Monate. Nach dem Entfernen der Hefe (degorgieren) wird mit der Dosage (gesüßter Birnenmost) die Geschmacksrichtung trocken eingestellt. Professor Carle vom Institut für Lebensmitteltechnologie der Universität Hohenheim befand, dass „durch den täglichen Genuss von zwei Gläsern Birnenschaumwein aufgrund des hohen Gehalts an Gerbstoffen Herz-Kreislauf-Erkrankungen reduziert werden können". Denn mal Prost!

Die Fränkische Moststraße – ein ausgezeichnetes Regionalentwicklungsprojekt

Seit 2004 gibt es die Fränkische Moststraße, die ihre Entstehung einem Zusammenschluss von 25 Gemeinden und Städten rund um den Hesselberg verdankt. Neben dem Erhalt der typischen Streuobstbestände, auch durch Neuanpflanzungen, soll die Streuobstwiesenkultur durch Moststationen, das können Lehrtafeln in Streuobstbeständen, Anlagen zur Obstverarbeitung, Klassenzimmer im Grünen (zu den Themen Obst, Imkerei, Schäferei und Blühflächen) ebenso wie gastronomische Betriebe und direktvermarktende Verkaufsstellen (zum Beispiel Hofläden) sein. Für Letztere gilt: Es kann nur Mitglied werden, wer extensiv erzeugte Produkte wie Apfelsaft, Apfelschorle und Most aus dem Gebiet der Fränkischen Moststraße vertreibt. Speiselokale müssen zudem mindestens ein Apfelgericht anbieten. Auf der Homepage gibt es weitere Informationen zu Ausflugszielen, regionalen Verkaufsstellen und Übernachtungsmöglichkeiten und dem geplanten Streuobstwiesen-Wanderweg. Bereits 2007 wurde dem Regionalprojekt beim bundesweiten Wettbewerb des Deutschen Verbands für Landschaftspflege (DVL) unter der Schirmherrschaft des damaligen Bundesministers für Ernährung, Landwirtschaft und Verbraucherschutz Horst Seehofer das Prädikat „Anerkannt natürlich regional!" verliehen.

www.fraenkische-moststrasse.de

Destillate

» DIE WAHRE KUNST DES DESTILLIERENS IST ES, DIE AROMEN SO IN EINE FLASCHE ZU BANNEN, DASS BEIM ÖFFNEN VOR DEM GEISTIGEN AUGE DES GENIESSERS DIE FRUCHT ENTSTEHT UND IN ALL IHREN FACETTEN SINNLICH ERLEBBAR WIRD. «

ARNO JOSEF DIRKER

BEIM DESTILLIEREN KANN MAN ALLES KAPUTT MACHEN ODER GOLD AUS DEM BRENNKESSEL HOLEN.

Der Geisterbeschwörer

ARNO JOSEF DIRKER, EDELBRENNEREI DIRKER
Der hessische Franke brennt alles, was ihm in die Finger kommt

Der ganze Kahlgrund ist von Bajuwaren besetzt. Der ganze Kahlgrund? Nein! Ein Hesse leistet im hessischen Ostzipfel von Mömbris seit mehr als 10 Jahren erbitterten Widerstand gegen eine Gebietsreform, bei der seine Brennerei dem Freistaat zugeschlagen worden wäre. Und das hätte Arno Josef Dirker wahrscheinlich seine Brennrechte gekostet. Schade um die edlen Brände, Wässer, Geiste und Selektionen, die er in seiner hochmodernen Brennerei seit 2007 destilliert. Vorher tat er das auf dem elterlichen Hof in einem Kessel mit Holzbefeuerung, einem Nachbau aus dem 16. Jahrhundert. Teutates sei Dank! Der Gebietstausch konnte abgewendet werden, und der gelernte Schreiner und Zimmermann hat sein Versprechen wahr gemacht und eine Kapelle im fränkischen Fachwerkstil zum Dank für die Rettung seines Betriebs errichtet.

Zurück in die Zukunft

Schon seit Generationen wurde auf dem bäuerlichen Dirker'schen Familienbetrieb Obst angebaut – für den Eigenbedarf, den Verkauf vor Ort. Aus den Äpfeln wurde Apfelwein gekeltert. Mit den ersten Supermärkten 1984/85 kam die Krise für den Obstabsatz. Die Kunden kauften ihr Obst nun aus dem Supermarktregal. Warum also nicht die Apfelweinherstellung aufstocken, das restliche Obst zu Fruchtweinen ausbauen und der Krise so die Stirn bieten, fragte sich der unternehmungslustige Arno Dirker. 1986 besuchte er sein erstes Fruchtsaftseminar. Nach seiner Teilnahme an der Internationalen Technologiemesse für Wein, Obst und Fruchtsaft in Stuttgart im Folgejahr findet sein „Stöffche" sogar Fans in Berlin. Es ist „in" in Kreuzberg Apfelwein zu trinken. Bis zur Jahrtausendwende karrt Dirker seinen Apfelwein gen Osten. Als 1987 eine riesige Zwetschgenernte in den Obsthainen des Familienbetriebs heranreift, maischt Dirker die Früchte ein und bringt erstmals ein 200-Liter-Fass zum Brennen zu einem Freund. Und er bleibt, um beim Brennvorgang dabei zu sein. Der Beginn einer leidenschaftlichen Affäre.

Meister der Geister

„Beim Destillieren kann man alles kaputt machen oder Gold aus dem Brennkessel holen", sagt Arno Josef Dirker. Er muss es wissen, holt er doch fast immer Gold. Kaum eine Auszeichnung, unter anderem den Titel „Bester Schnapsbrenner Europas 1994", die der Mömbriser Meister der Geister noch nicht für seine edlen Brände, Geiste, Wässer oder Liköre bekommen hätte. Im März 2007 erntete Deutschlands bester Schnapsbrenner beim World-Spirits-Festival 16 Medaillen und ist damit der am höchsten dekorierte Deutsche des Spirituosen-Wettbewerbs. An die 80 Sorten Hochprozentiges hat der Edel-Brenner im Programm. Die meisten der Früchte wachsen auf den eigenen 10.000 Obstbäumen – 8 Hektar Obstplantagen, 3 Hektar Streuobstwiesen mit Bachlauf wollen dafür gehegt und gepflegt werden. Denn nur aus bestem Obst entsteht ein hochwertiger Brand, weiß Dirker und kümmert sich selbst um die Früchte, die er für seine Brennerei braucht. Aber nicht jedes Jahr gibt es alle Kreationen im Verkauf. „Jedes Jahr beschert eine andere Ernte andere Früchte, und damit verändern sich die Parameter für die Produktion."

Hans Dampf an allen Kesseln

Zur Dirker'schen Brennkunst gehört die Übersicht über den kompletten Produktionszyklus. Egal ob beim Sammeln und Aufspüren der Früchte („Ich glaube, ich kenne jeden Apfelbaum im Kahlgrund."), beim Maischen oder Brennen. Ausgangsstoff für den Brand ist die Maische. Die lagert bei Dirker je nach Fruchtart, Außentemperatur und Hefesorte von 3 Wochen bis zu ein Jahr. Die Maische wandert in den Bauch des kupferfarbenen Brennkessels, an dem Dirker so manches Rädchen dreht. Bei konstanter Temperatur verflüchtigt sich während des Brennvorgangs der Alkohol, der Dampf steigt durch ein Rohrleitungssystem auf, kühlt ab und tropft aus einer Tülle heraus. Doch nicht alles, was da heraustropft, ist brauchbar. Bei 65 Grad Celsius kommt der Vorlauf, „das ist Methylalkohol, ein Blindmacher", sagt Dirker. Seine Meisterschaft zeigt sich beim Abschmecken, denn es gilt den Vorlauf vom hochwertigen Herzstück des Brandes und dem muffig riechenden Nachlauf zu trennen.

Das Beste, was aus einer Frucht werden kann

Neben Quitte, Zwetschge, Birne und Kirschen hat Dirker exotisch anmutende Kreationen wie Steinpilzgeist oder Eibenwasser im Programm. „Experimente machen die Arbeit doch erst spannend!" Da hält es Dirker mit seinem Vorbild Leonardo da Vinci und bedauert wie das Universalgenie, „dass die Zeit, die wir auf dieser Welt haben, gar nicht ausreicht, um alle Ideen die wir haben, umzusetzen". Zum Apfel hat er jedoch eine traditionelle Bindung, dem Apfel gilt seine Leidenschaft. „Frucht der Verführung, schmackhaft und vitaminreich, vielfach verwertbar und ein Stück Heimat für mich", sinniert er über die paradiesische Frucht. Als „Apfelbrand Boskoop", „Feiner Apfelbrand", „Brand vom Glockenrosen- oder Zitronenapfel", als „Bohnapfel- oder Eisapfel-Schäumer", als „Apfelstrudellikör" oder „Kahlgründer Apfellikör" entsteht unter Arno Dirkers Händen das Beste, was aus einem Apfel werden kann.

DIE VIELFÄLTIGEN AROMEN UNSERES HEIMISCHEN OBSTS, BESONDERS DER GESCHMACKLICH UNGLAUBLICH FACETTENREICHEN ÄPFEL, DURCH DESTILLATION ZU KONZENTRIEREN UND INS GLAS ZU BANNEN, DAS IST EINE SPANNENDE SACHE.

Der Brandmeister

GERHARD FRITZ, LANDGASTHAUS ZUM KREISWALD
Die Apfelvielfalt der Heimat entdecken

Einmal durch den ganzen Odenwald, dann durch ganz Europa – Gerhard Fritz hat nach seiner Kochlehre erst einmal die Heimat und dann den Kontinent bereist. Das Interesse für Hochprozentiges entdeckte er jedoch erst wieder, nachdem er in den Odenwald zurückgekehrt war und auf die sagenhafte Apfelvielfalt rund um das Gasthaus Zum Kreiswald aufmerksam wurde. „Wir haben hier rund um den Kreiswald große landwirtschaftliche Flächen mit einem reichen Fundus an alten Obst- und Apfelbäumen – alles Hochstämme. Deswegen hat das Keltern von Apfelwein und Brennen in unserer Familie seit 1866 auch lange Tradition."

Brennerei mit Tradition

Mitte des 19. Jahrhunderts war Apfelwein das Getränk in Gasthäusern und in den landwirtschaftlichen Betrieben. Gebrannt wurden Obst-, Getreide-, Kartoffel und Hefebranntweine – und das für den Hausgebrauch. „Erst nach der Rückkehr in den elterlichen Betrieb nach meinen Lehr- und Wanderjahren habe ich mich dieser Familientradition gewidmet", erzählt Gerhard Fritz. Das war Anfang der 1970er-Jahre. Seither hat ein richtungsweisendes Umdenken in der Gastronomie stattgefunden. Man besinnt sich wieder auf regionale Produkte, nachhaltiges Wirtschaften und die heimischen Wirtschaftskreisläufe. „Auch ich habe – wie viele meiner Kollegen hier im Odenwald – nach einer Nische gesucht. Was lag da näher, als sich der hofeigenen Brennerei zu widmen?"

300 neue Obstbäume für den Kreiswald

Anfang der 1980er-Jahre pflanzt Gerhard Fritz 300 neue Obstbäume, alles Hochstämme, die Anlage landschaftsprägend als Streuobstwiesen konzipiert. Gepflegt werden diese mit so wenig chemischen Mitteln wie möglich. Borkenkäfern und Wühlmäusen rückt man mit Fallen zu Leibe. „Als wir nach etwa 10 Jahren ernten konnten, waren mir das Obst und die Äpfel aber zu schade, um nur Apfelwein daraus zu pressen." Also besucht Gerhard Fritz Brennereikurse in Hohenheim und beim Kelterer-Verband, beginnt neben Zwetschgen und Birnen seine Äpfel sortenrein zu brennen. Mittlerweile stehen mehr als 15 Apfelbrände auf der Liste seiner sortenreinen Erzeugnisse, beispielsweise der „2001er Klarapfel von der Kreiswälder Teichwiese", der saubere, sommerliche Apfelnoten mit dezent gaumensüßem Nachhall auf die Zunge zaubert, oder der „Kreiswälder Bohnapfel", ein Mostapfel mit wuchtigem Erscheinungsbild, sauberer Nase, hervorragend verestert mit toll eingebundener Säure, muskulösem Körper und langem Nachhall. Auch ein alter Golden Delicious, der als grüner, geschmacksneutraler Supermarktapfel traurige Karriere gemacht hat, erlebt unter des Brennmeisters Händen als aromatischer Brand mit Aromen vom grünen, frisch geriebenen Apfel mit Würze und angenehmem Bitterton im Abgang eine neue, genussreiche Karriere. Wie kommt der Delicious denn in den Kreiswälder Apfelhain? „Da hat sich mal ein Delicious-Setzling in die Streuobstwiese verirrt und ist gut gewachsen. Einen solchen Baum, den der Herrgott hat wachsen lassen, reiße ich doch nicht raus!"

Gold-, Silber- und Bronzemedaillen für Fritz

„Irgendwann will man auch mal im nationalen und internationalen Vergleich wie bei der DLG oder den badischen, fränkischen und rheinland-pfälzischen Verkostungen wissen, wie die eigenen Produkte bewertet werden", sagt Gerhard Fritz. Seit nunmehr 30 Jahren nimmt er daran teil und sammelt dabei regelmäßig Bestnoten und mittlerweile mehr als 100 Medaillen ein. Die Kunst des Brennens können Interessierte bei Gerhard Fritz in der hofeigenen Abfindungsbrennerei beim Kreiswälder Brennerzertifikat lernen. Bei einem Vier-Gänge-Menü wird der Unterschied zwischen Vor-, Mittel- und Nachlauf erklärt, verschiedene prämierte Edelbrände gekostet und deren Alkoholgehalt mit der Branntweinspindel ermittelt. Erfolgreiche Absolventen werden mit einer goldenen Schnapsflasche zum „Kreiswälder Edelbrandritter" geschlagen. Die unglaubliche Geschmacksvielfalt, die Gerhard Fritz aus seinen Äpfeln destilliert, kann man neuerdings als Trilogie kosten. Drei Apfeledelbränden auf dem Holzbrettchen kann nachgeschmeckt werden: der schönen Streuobstnote der zart-fruchtigen Goldparmäne, dem hervorragend ausbalancierten, an der Nase charmanten Brettacher von der Backsteinhütte oder einem würzig-komplexen Apfelweinhefebrand mit schönem, weinigem Apfelweinaroma, mit weichem Abgang und gutem Nachhall.

Die Nordlichter

MANFRED UND BRIGITTE WEYRAUCH, DOLLERUPER DESTILLE
Der Apfel fällt nicht weit von der Waterkante

Apfelwein an der Ostseeküste? Streuobstwiesen bis an den Strand? Alte Apfelsorten in Hülle und Fülle? Ja, auch an der Flensburger Förde pflegt ein wackerer Apfelweinkelterer die Tradition der Streuobstwiesen, bemüht sich um die Apfelvielfalt der Region und die Kultur des Apfelweins. Aber nicht nur der Apfel hat es Brigitte und Manfred Weyrauch angetan. Was im alten Spritzenhaus der Freiwilligen Feuerwehr Terkelstoft auf kleinstem Raum mit einer Produktion von 500 Litern begann, hat sich zu einem kleinen Mischkonzern mit einer Produktion von etwa 10.000 Litern rohem Saft aus Äpfeln, Birnen und Quitten gemausert. Im Jahr 2003 wurde am jetzigen Standort das neue Betriebsgebäude in Scheunen-Architektur errichtet. Unter dem Dach der Dolleruper Destille befinden sich neben der Mosterei ein Weinladen, eine Weinstube mit Café sowie das Prunkstück, die nördlichste Obstbrennerei Deutschlands. Hier werden regionale Früchte von Apfel, Birne und Quitte bis Blaubeere und Schlehe zu hochwertigen Destillaten gebrannt.

Ein Offizier und Gentleman

Manfred Weyrauch stammt aus Karlsruhe, verbrachte sein Berufsleben über 30 Jahre bei der Marine und ist in den 1980er-Jahren in Dollerup an der Flensburger Förde an Land gegangen und sesshaft geworden. Beeindruckt von den vielen Äpfeln, die er hier am Straßenrand und auf alten Streuobstwiesen fand, sinnierte er, was man daraus machen könnte. Schließlich besaß seine Familie im Badischen eigene Obstwiesen und verwertete das Obst, beispielsweise wurde Most gekeltert. Ein echter Seebär wie er war davon überzeugt, aus Äpfeln auch einen guten Schnaps brennen zu können. Calvados beispielsweise, den er selbst sehr gerne trinkt.

Von einem der auszog, das Brennen zu lernen

Als Mann der Tat spann Manfred Weyrauch kein Seemannsgarn, vielmehr recherchierte er, wie sein Lieblingsgetränk im Herkunftsland, der Normandie, hergestellt wird. „Dabei kam ich drauf, dass Calvados dort nicht wie in der Schweiz und Deutschland aus der Apfelmaische, sondern aus dem Cidre selbst hergestellt wird. Dieser wird, nach zweijähriger Lagerung, destilliert und kommt dann für mehrere Jahre ins Fass. Also war meine Grundidee: Machen wir erst mal Apfelwein und Apfelcidre, und später kommt das Destillieren." Die Anfänge waren bescheiden, denn zunächst wurden in einem kleinen Backsteinhaus die Äpfel von den gepachteten Streuobstwiesen, auf denen Manfred Weyrauch Raritäten wie die Schleswiger Renette entdeckte, gekeltert. Bald kamen aber immer mehr Streuobstwiesen- und Apfelbaumbesitzer aus der Umgebung, um ihre Früchte bei Brigitte und Manfred Weyrauch pressen zu lassen. Es hatte sich nämlich herumgesprochen, dass man sicher sein konnte, den Saft von den eigenen Äpfeln wieder mit nach Hause zu nehmen. Mittlerweile wird in der Verschlussbrennerei aus dem Apfelsaft nicht nur Apfelwein, sondern im aufwendigen Flaschengärverfahren ein feinperliges, moussierendes Apfelweingetränk, „Apfelcidre aus Angeln", so heißt die Gegend zwischen Schlei und Flensburger Förde, hergestellt. Aus dem, was nicht als Apfelcidre auf der Hefe in der Flasche veredelt wird, entsteht ein bernsteinfarbener Calvados, der hier „Dolvados" heißt. Manfred Weyrauch erlernte die Kunst des Destillierens in der badischen Privatbrennerei Siegfried Erndwein und an der Fakultät für Agrarwissenschaften der Hochschule Hohenheim, wo Brennseminare für Einsteiger und Kurse für erfahrene Brenner stattfinden.

Dolvados nach normannischem Vorbild

Wie seine normannischen Kollegen keltert Manfred Weyrauch ausschließlich ausgewähltes heimisches Obst und macht daraus zunächst Apfelwein, der nach der Gärung abdestilliert wird. Nach der Destillation kommt er in ein ungarisches Eichenfass, das exakt 57 Liter fasst. „Ich glaube an das Optimum des Verhältnisses von Flächenvolumen des Fasses zum Volumen des Destillates." Nach einer Lagerzeit von mindestens 24 Monaten wird eine Mischung aus 2 und 4 Jahre altem Destillat hergestellt. „Die mische ich nach meinem Gusto und hoffe, dass das auch meiner Kundschaft schmeckt." In die Flasche kommt der Dolvados schließlich mit 42 Volumenprozent.

Geduld ist die erste Brennerpflicht

Weniger hochprozentig ist der „Dolleruper Apero", ein Aperitif aus Äpfeln. Dafür wird der fertige Apfelwein

> ALS GRÜNDUNGSMITGLIED DES VEREINS FEINHEIMISCH VERSTEHEN WIR UNS ALS BEWAHRER UND FÖRDERER EINER GENUSSVOLLEN, NACHHALTIGEN UND REGIONAL GEPRÄGTEN ESSKULTUR IN SCHLESWIG-HOLSTEIN.

noch einmal mit Sherryhefe und Zucker vergoren, bis der Zucker verbraucht ist und die Hefen nicht mehr arbeiten können. Dann ist Geduld gefordert. Denn es dauert etwa ein weiteres halbes Jahr, bis sich der Prozess stabilisiert hat. Nach der Ruhephase wird dieses Getränk nochmals für ein halbes Jahr in ein Fass gelegt, in dem vorher Rotwein war und erst dann auf Flaschen gefüllt. Die leichte, feine Sherrynote ist auf die Sherryhefestämme zurückzuführen. Während des gut ein Jahr dauernden Prozesses wird immer wieder Zucker zugeführt. „Das löst einen Oxidationsprozess ähnlich wie beim Sherry oder Madeira aus. Wenn die Sherryhefen bei 12 bis 13 Volumenprozent Alkohol nicht mehr arbeiten können, dann stoppt die Gärung automatisch. Zwar könnte man zusätzlich Alkohol hinzufügen, um auszuschließen, dass die Gärung noch einmal einsetzt. Aber das machen wir nicht. Wir warten, bis sich der Prozess stabilisiert und keine Nachgärung mehr stattfinden kann. Dabei wird der Dolleruper Apero zwei- bis dreimal von der Hefe gezogen, insgesamt dauert der Reifeprozess fast 3 Jahre. Ganz zum Schluss, wenn das Produkt stabil ist, legen wir es noch einmal für ein halbes Jahr ins Barriquefass. Danach ist der Aperitif so klar, dass er noch nicht einmal gefiltert werden muss", erklärt Manfred Weyrauch.

Die Dolleruper Destille ist Mitglied bei FEINHEIMISCH – Genuss aus Schleswig-Holstein e.V.

Als Gründungsmitglied des Vereins verstehen sich Brigitte und Manfred Weyrauch als Bewahrer und Förderer einer genussvollen, nachhaltigen und regional geprägten Esskultur in Schleswig-Holstein. Entsprechend der Philosophie des Vereins FEINHEIMISCH wird in der Dolleruper Destille mit einer Ausnahme ausschließlich Obst aus Schleswig-Holstein verarbeitet. Das Obst stammt aus Bauerngärten, Streuobstwiesen und ökologischen Obstbaubetrieben. Wildfrüchte wie Schlehen, Kreten oder Kirschpflaumen werden in Knicks, den landschaftstypischen, von Gehölzen bewachsenen, breiten Geländestreifen, und auf den Flächen der Stiftung Naturschutz Schleswig-Holstein e.V. in mühevoller Arbeit von Hand gepflückt.

Sie sind Gründungsmitglied von FEINHEIMISCH. Was hat Sie bewogen, den Verein für Genuss mitzugründen und treu zu bleiben?

Die Idee in Schleswig-Holstein unter Verwendung hochwertiger regionaler Produkte eine eigenständige Küche und Esskultur zu fördern, begeistert mich. FEINHEIMISCH bietet eine Plattform und ein Netzwerk für Gastronomen und Produzenten gleichermaßen.

Was sind für Sie die Grundvoraussetzungen, um ein regionales Premiumprodukt herstellen zu können?

Ein FEINHEIMISCHES Produktlabel darf ein Produkt nur führen, wenn transparente Herstellungsprozesse durch ein unabhängiges Institut (KIN Neumünster) geprüft wurden, die FEINHEIMISCHEN Regeln zur Herstellung eines Regionalprodukts eingehalten und die besondere geschmackliche Klasse durch eine Fachjury festgestellt wird.

Apfelschaumweine

》 ALLE AROMEN DES APFELS WERRDEN DURCH DIE VERSEKTUNG SENSORISCH STÄRKER SCHMECKBAR. 《

MICHAEL STÖCKL

Der Kellermeister

JOACHIM DÖHNE, BRENNEREI UND KELLEREI DÖHNE
„Streuobstwiesenchampagner" aus Nordhessen

Schon ein Großonkel von Joachim Döhne hat Apfelperlwein hergestellt. Das Werbeschild aus dem Anfang des 20. Jahrhunderts prangt im Verkaufs- und Verkostungsraum seiner Kellerei und Brennerei auf dem 300 Jahre alten Hof der Familie. Die eigene Kelterei hat der gelernte Molkereimeister Joachim Döhne, der sich in der Weinbauschule in Geisenheim weitergebildet hat, allerdings erst 1996 wiederbelebt. „Bereits um 1900 gab es feinen Apfelsekt, der an viele europäische Fürstenhöfe geliefert und als „German Champagne Cider" bis nach Amerika exportiert wurde. Wir lassen diese Tradition wieder aufleben", erklärt Joachim Döhne bei einem Glas Schauenburger Apfelschaumwein aus Boskoopäpfeln aus dem Jahre 2008. Elegant, mit dezenter Zitrusnote perlt der „Streuobstwiesenchampagner" fein im langstieligen Glas. Das noble Produkt fasziniert auch renommierte Weinkritiker wie Stuart Pigott.

„Streuobswiesenchampagner" ist erste Wahl

Döhnes Apfelschaumweine, nach der „méthode champenoise" ausgebaut, brauchen den Vergleich mit Champagner aus Trauben nicht zu fürchten. *„Auch wenn es in der Nähe von Kassel (...) ein paar Hobbywinzer geben mag, wäre es absurd, diese Gegend als Weinbaugebiet zu bezeichnen. Erstaunlicherweise stößt man aber in dieser Region auf einen professionellen Weinproduzenten: Joachim Döhne (...) verfügt zwar über keine Weinreben, erzeugt aber dennoch einen der spannendsten neuen Weine Deutschlands. Sein 2002er Apfelschaumwein ‚brut' (...) ist nuancenreich im Duft und erinnert in seiner herben Eleganz an gute Champagner in der Preisklasse von 30 Euro an. Dass Döhne eine solche Feinheit an Aromen und Geschmack gelungen ist, indem er Boskoopapfel und einen kleinen Anteil anderer Sorten so behandelte, als seien es Trauben der Champagne, ist bemerkenswert. Die Geschichte des Apfelschaumweins macht deutlich, dass er bei uns eine große Tradition hat – und dass auch in der Nähe von Kassel Früchte reifen, die genau die richtige Balance haben."* Diese Lobeshymne auf Döhnes flaschenvergorenen und von Hand gerüttelten Apfelschaumwein schrieb Pigott im März 2004 in der Frankfurter Allgemeinen Sonntagszeitung.

Gut Ding will Weile haben

Bei Joachim Döhne dauert die Herstellung des Apfelschaumweins im traditionellen Flaschengärverfahren ein Jahr. Zunächst wird der Saft von den – meist eigenen – Streuobstwiesenäpfeln wie Jakob Lebel, Schöner von Herrenhut und Boskoop zu sortenreinen Apfelweinen vergoren. Nach dem Ausbau werden die verschiedenen Apfelweine, denen Zucker und Champagnerhefe zugesetzt werden, zu einer Cuvée zusammengestellt, in Flaschen gefüllt und mit einem Kronkorken verschlossen. In der Flasche kommt es nun zu einer zweiten Gärung, der Alkoholgehalt des Apfelschaumweins steigt dabei auf 9,5 bis 10 Volumenprozent. Nach 5 bis 6 Wochen ist diese Phase abgeschlossen und es beginnt eine mehrmonatige Reifezeit. Auf dem Rüttelpult stecken die Flaschen danach kopfüber und werden bei Bedarf über 3 Wochen täglich von Hand um ein Achtel gedreht. Fragt man sich, wie das der Kellermeister und seine Helfer so genau hinbekommen. „Ganz einfach, entweder man markiert mit einem Strich den Flaschenboden oder die Flaschen haben bereits eine Kerbe im Boden, den sogenannten Schmitz", erklärt Joachim Döhne.

Der handmarkierte Flaschenboden, „Schmitz" genannt, ist ein Qualitätsmerkmal. Man kann davon ausgehen, dass diese Flaschen handgerüttelt sind!

Nach einigen Wochen hat sich die Hefe im Flaschenhals gesammelt und abgesetzt. Nun ist es Zeit, zu degorgieren (enthefen). Dazu werden die Flaschenhälse vereist, sodass der gefrorene Hefepfropf beim Öffnen herausschießen kann. Jetzt nur noch verkorken und fertig? „Möchte man einen Schaumwein brut haben, dann wird die Champagnerflasche nun mit einem Naturkorken verschlossen und einer Agraffe (Drahtkörbchen) gesichert. Bei trockenen Schaumweinen muss nach dem Degorgieren jedoch noch Restzucker zugefügt werden. Dazu wird in die Flaschen ein Apfelwein-Zucker-Gemisch, der sogenannte Expeditionslikör, dessen Zusammensetzung ein Betriebsgeheimnis ist, dosiert, bevor die Flaschen erneut verschlossen werden." Ausgereift ist Döhnes Apfelschaumwein nach knapp 2 Jahren Lagerung auf der Hefe. „Alles andere ist Philosophie", sagt er.

Kunst in und auf der Flasche

Ein weiteres Markenzeichen für Döhnes Apfelschaumweine nach Champagnerart sind die kunstvollen Flaschenetiketten. Die märchenhaften Kalligrafien, inspiriert von den nordhessischen Märchen, stammen von Albert Schindehütte. Denn in Nordhessen gibt es viel zu erzählen: von verwunschenen Seen und Wäldern, von wackeren Prinzen und lieblichen Prin-

zessinnen, von gruseligen Plätzen und sagenhaften Schlössern. Die Märchensammler Jacob und Wilhelm Grimm ließen sich die Volksmärchen in Nordhessen von Märchenerzählern und -erzählerinnen wie Dragonerwachtmeister Krause, den Schwestern Jeanette und Amalie Hasenpflug oder Dorothea Viehmann vortragen. Motive in Schindehüttes originärem Stil, inspiriert von Hasenpflugs und Krauses Erzählungen, zieren die Schauenburger Schaumweine und machen jede einzelne Flasche zu einem Hingucker. „Eine schöne Symbiose zwischen Inhalt und Aufmachung – konsequent regional", befindet Joachim Döhne.

DIE BESTEN VERGRÖSSERUNGSGLÄSER
FÜR DIE FREUDEN DIESER WELT SIND JENE,
AUS DENEN MAN TRINKT.

(JOACHIM DÖHNE FREI NACH RINGELNATZ)

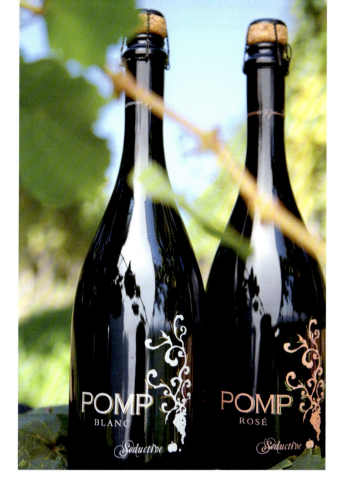

Die Powerfrau

JOHANNA HÖHL, LANDKELTEREI HÖHL
Verbindet Genuss mit Sinnhaftigkeit

Der Name Höhl steht für Deutschlands größte und älteste Apfelweinkelterei. Bereits seit 1779 wird in Hochstadt Apfelwein gekeltert. Seit 2002 leitet die promovierte Betriebswirtin Johanna Höhl als Mitgesellschafterin und kaufmännische Geschäftsführerin in der achten Generation das Unternehmen – als erste Frau an der Firmenspitze überhaupt. Schon mit ihrer Dissertation über Zweitmarkenverwertung macht sie Furore, erhält den Preis des Deutschen Markenartikelverbandes. Laudator: Franz-Josef Strauß.

> » WIR APFELWINZER MÜSSEN AUFKLÄRUNGSARBEIT BETREIBEN UND ZEIGEN, MIT WELCHEN REGIONALEN PFUNDEN WIR WUCHERN KÖNNEN. «

Was wäre Ihre Profession, wenn Sie nicht einer Apfelweindynastie entstammen würden?

Ich hätte sicher eines meiner Hobbys zum Beruf gemacht. Gastgeberin in der Hotelbranche oder als Psychologin mit Menschen. Aber da ja alles kommt, wie es kommen soll, widme ich mein Leben dem Apfelwein.

Wie manifestiert sich Ihr Anspruch an Ästhetik und Nachhaltigkeit bei der Produktentwicklung – von der Flasche bis zum Inhalt?

Für mich dürfen sich Genuss und Sinnhaftigkeit nicht ausschließen. Und was ich für mich in Anspruch nehme, möchte ich auch durch meine Produkte ausdrücken. Die harmonische, frische Cuvée aus edlen Gewächsen unserer Region steckt in einer Flasche, die die Besonderheit, Authentizität und Exklusivität des Inhalts kommuniziert.

Wie sieht Ihrer Meinung nach die Zukunft in der Apfelweinbranche aus?

Gut. Vielfältig. Innovativ. Handwerklich. „Ebbelwoi" wird als regionale Spezialität neben den internationalen Getränkeangeboten eine Renaissance erleben. Sozusagen als lebensnotweniger Gegenpol. Zudem ist Apfelwein ein Getränk, das mit all seinen Eigenschaften in den Zeitgeist passt. 100 Prozent Natur, wenig Alkohol, wenig Kalorien, preiswert. Kurz und knapp: Apfelwein macht schön, schlank und schlau! Und das werden immer mehr Leute merken.

Kreativ gegen die Apfelweinkrise

Seit dem deutlichen Absatzeinbruch bei den traditionellen Apfelweinen in den 1990er-Jahren kämpft Johanna Höhl mit viel Fantasie, bei der sie ihre Bodenständigkeit immer beibehält, und innovativen Produktideen um neue Marktanteile. Dabei sucht sie aber auch immer die Sinnhaftigkeit in ihrem Tun. Neben ihrer beruflichen Arbeit prägen zahlreiche Engagements den Alltag der Mutter zweier Kinder: Sie ist jeweils stellvertretende Vorstandsvorsitzende beim Hessischen Apfelweinverband und bei der Marketinggesellschaft Gutes aus Hessen. Zu ihren Hobbys zählt neben den schönen Dingen des Lebens (Familie, Kochen, Wein, Lesen, Musik) die Metaphysik. Das Motto von Johanna Höhl ist so pragmatisch wie lebensbejahend: „Ich kann, weil ich will, was ich muss."

Johanna Höhl belebt mit eigener Produktlinie die Keltertradition der Familie neu

Ihr ganz persönliches „Baby", das Premiumprodukt „POMP secco", ist eine Liaison von Apfelwein und Rieslingsekt und prickelt länger auf der Zunge als man trinkt. Die Idee dazu ist weiblicher Intuition entsprungen und entstanden, als sich die Apfelweinqueen Gedanken darüber machte, was zur Goldenen Hochzeit der Eltern in den Gläsern perlen könnte. Es ist zwar schon gut 100 Jahre her, dass die feinen Frankfurter Herrschaften den Apfelwein zu besonderen Anlässen statt mit Sprudel – wie das gemeine Volk – mit Sekt spritzten. Natürlich wurde der „Herrschaftsgespritzte" aus dem typischen Apfelweinglas getrunken. Schließlich sollte ja keiner merken, wie herr(schaft)lich Apfelwein sein kann. Johanna Höhl erinnerte sich an diese Gepflogenheit in Frankfurter Patrizierhäusern und probierte zunächst in der eigenen Küche einige Apfel-Trauben-Kombinationen aus. Für die prickelnde Mariage von Apfel und Traube fehlte ihr nun nur noch ein geeigneter Partner, der sich für die Idee begeistern und den Rheingauer Rieslingsekt beisteuern konnte. Mit dem unkonventionellen Winzer Ulrich Allendorf aus Oestrich-Winkel war der Richtige gefunden.

Sauergespritzter
Apfelwein mit Sprudelwasser verdünnt

Süßgespritzer
Apfelwein mit Limonade verdünnt

Herrschaftsgespritzer
Apfelwein mit Sekt geadelt

Apfel trifft Traube

Das Bestechende am versekteten Apfelwein ist das Gute darin: hochwertige Rieslingtrauben aus dem Rheingau vereinen sich mit erstklassigen Äpfeln aus Hochstadt. Das Ergebnis ist eine Cuvée – weinig mit feiner, fruchtiger Apfelnote im Abgang. 2009 interpretiert Johanna Höhl diese klassische Brutcuvée neu und legt „POMP seductive" in rosé und blanc nach. Dafür wird sie von der Apfelcompagnie e.V., deren Mitglieder sich der Förderung, Verbreitung und Weiterentwicklung der hessischen Apfelweinkultur verschrieben haben, mit dem Innovations- und Förderpreis 2010 ausgezeichnet. Begründung: Als Mariage vom Rheingauer Rieslingsekt mit ökologisch angebauten Champagnerrenetten ist Johanna Höhls Apfelsekt ein regionales Gourmetprodukt mit Alleinstellungsmerkmal. In Frankfurter Szenerestaurants wird „POMP" als klassischer Aperitif und dank seines fein ausbalancierten Mousseux als Menübegleiter offeriert. Die ersten Flaschenkorken knallten sogar schon in Amerika und Shanghai.

Die Schöngeister

ROLF UND THEA CLOSTERMANN, DEMETER-OBSTPLANTAGE NEUHOLLANDSHOF
Rosen und Äpfel: Zwei vom gleichen Stamm

Zu einem Spektakel für alle Sinne gerät ein Besuch auf dem Neuhollandshof. Blutrot oder in elegantem Gelb leuchten die mehr als 4.000 Rosenstöcke in der Obstplantage, betören Auge und Nase. Pittoresk versteckt sich das Rosenhäuschen mit Storchennest auf dem Dach im Apfelhain. Plätze zur Kontemplation haben Thea und Rolf Clostermann mit vielen kleinen und großen Kunstwerken auf dem gesamten Areal geschaffen. Die kompositorische Ästhetik des Neuhollandshofs findet sich auch im Glas wieder, wenn Apfelsekt mit Rosenextrakt darin perlt.

BEIM ERSTEN SCHLUCK SOLL SICH VOR DEN AUGEN UND AM GAUMEN DES GENIESSERS DIE SCHÖNHEIT DER ROSEN UND DER EXTRAKT UNSERER AUFWENDIGEN ARBEIT IM OBSTHAIN MIT DEM BILD DES HERRLICHEN AMBIENTE DES NEUHOLLANDSHOFS ENTFALTEN.

Gesamtkunstwerk Neuhollandshof

Die mächtige Kastanie vor dem Gutshaus wurde 1867 gepflanzt, im gleichen Jahr der Neuhollandshof, ein weißes Schlösschen mit grünen Fensterläden inmitten einer herrlichen Parklandschaft, errichtet. Natur, Kultur und Landwirtschaft gehen auf dem weitläufigen, 20 Hektar großen Landgut der Familie Clostermann eine harmonische Liaison ein. Im Gutshaus wohnt die anthroposophisch orientierte Familie ganz ohne Fernseher, aber mit zwei umfangreichen Bibliotheken. In der umgebauten Scheune finden klassische Konzerte statt. Auf der Plantage haben Rolf und Thea Clostermann im Laufe der Jahre den Baumbestand auf mehr als 30.000 Bäume aufgestockt und 4.000 Rosenbüsche gepflanzt. Kontemplative Orte finden sich im landschaftlichen Gesamtkunstwerk Neuhollandshof einige: eine Kräuterspirale oder die Planetenbäume inmitten des Obsthains zum Beispiel. Schon Gelehrte wie der Arzt Agrippa von Nettesheim oder Hermes Trismegistos sprechen von der Erde als Spiegelbild der Himmelskräfte. So sind, nach Rudolf Steiner, auch Bäume bestimmten Planeten zugeordnet: Buche (Saturn), Esche (Sonne), Kirsche (Mond),

Ulme (Merkur), Ahorn (Jupiter) und Birke (Venus). Das gefällt Besuchern ... und auch den Bieber-Familien, die am nahen Kiesbaggersee ihre Burgen bauen. Aber der Reihe nach!

Kunst, Kultur, Genuss auf dem Landgut

Der Neuhollandshof im niederrheinischen Wesel-Bislich gründet auf zwei wirtschaftlichen Standbeinen: der Landwirtschaft mit Obstbau und Hofladen und dem Kulturbetrieb mit Kunst, Musik und Hofführungen. Denn Rolf Clostermann ist nicht nur ein Apfel- und Rosenexperte, er schnitzt auch Kunstwerke, so wie die wohlgerundete Statue am Eingang zur Kulturscheune. Außerdem schreibt er Fantasy-Romane. In „Truksvalin", einem von Zwergen und Elementarwesen bevölkerten literarischen Werk, befasst er sich mit der „geistigen und physischen Umweltverschmutzung unserer Zeit". Der wirkt man auf dem Neuhollandshof nachhaltig entgegen: Für die bedrohten Honigbienen werden eigene Bienenweiden zwischen den Obstbaumreihen angelegt, die Imkerei kann man unter fachlicher Anleitung im hofeigenen Imkerraum, ausgestattet mit Schleuder und allem, was das Handwerk braucht, erlernen und praktizieren. Zwischenzeitlich darf das Solarauto an der Solartankstelle aufgeladen werden. Sieben Hühner und ein Hahn kratzen im Sand, während die Biorasenmäher das Gras auf der Nussbaumwiese kurzhalten. „Wir halten die Tiere, weil sie zu einem landwirtschaftlichen Betrieb gehören und für Atmosphäre sorgen", sagt der Hausherr.

Bioäpfel und Biberburgen

Die Biber mit ihren beiden Burgen am See sind die Attraktion bei jeder Hofführung. Der Biber war 140 Jahre lang am Niederrhein ausgestorben. Dann ist ein Biber – wahrscheinlich aus einem Auswilderungsprojekt bei Nimwegen – ausgebüxt und den Niederrhein hinaufgeschwommen. „Irgendwer muss ihm erzählt haben, dass es am Niederrhein einen Demeterhof gibt. Da es ein moderner Biber war, der sich am liebsten von Bioäpfeln ernährt, kam er direkt zu uns. Er fand einen Haufen entsorgter Äpfel und dachte sich: „Prima, Vorratskammer voll, hier baue ich ein Haus", erzählt Ralf Clostermann eine unterhaltsame Geschichte. Die Fortsetzung: Nach dem Elbhochwasser ging die Anfrage des Vereins „Lebendiger Niederrhein" ein, ob man auf dem Neuhollandshof nicht zwei verwaiste Biberkinder und eine -familie aufnehmen könnte. Für den Transport hat sich Rolf Clostermann eine Löwenkiste im benachbarten Zoo ausgeliehen, damit die neuen tierischen Mitbewohner abgeholt und an seinem Kiesbaggersee angesiedelt.

30 Apfelsorten werden kultiviert

Die seit Generationen am Niederrhein ansässige Obstbauernfamilie – 1927 begann der Großvater mit dem Obstbau – bewirtschaftet ihren Obsthof biologisch-dynamisch auf der Grundlage des landwirtschaftlichen Kurses Rudolf Steiners. Die Kontrolle und die Anerkennung der Arbeit erfolgt jährlich durch einen staatlich anerkannten Kontrollverband der Europäischen Union und bereits seit 1982 durch den Demeterbund. Mehr als 30 knackige Apfelsorten werden gehegt, gepflegt und geerntet. Darunter Clostermanns Lieblingsapfel, der Topas, die Hauptapfelsorte des Bioanbaus in Deutschland, sowie der Rote Falstaff. Letzterer hat seinen Namen vom Lebemann und Trunkenbold in den Shakespeare-Stücken „Die lustigen Weiber von Windsor" und „Heinrich IV". Und

dann kommt der Obstbautechnologe ins Schwärmen: „Topas, das ist der Edelstein unter den Äpfeln, er hat viel Säure wie die alten Sorten und erinnert in seiner leicht platten Form auch an diese. Der Apfel hat so etwas wunderbar Nostalgisches." Ein weiterer pilzresistenter Lieblingsapfel der Bioobstbauern: Santana, geschmacklich ähnlich dem Elstar. „Der Elstar ist aber keine gute Sorte für den Bioanbau. Dieser Apfel ist wie eine Diva, möchte immer betüttelt werden – vom Düngen und Ausdünnen bis zum regelmäßigen Schnitt. Dann ist aber immer noch nicht gewährleistet, dass er jährlich trägt." Rolf Clostermann war mehrere Jahre in einem internationalen Sortenzüchter-Gremium tätig, das neue resistente Sorten für den Bioanbau sucht und testet. „So kann ich mir jetzt die Rosinen aus dem Angebot herausfischen. Über ein Drittel unserer Obstplantage ist mittlerweile mit schorfpilzresistenten Sorten bepflanzt. Vorteil: Wir müssen kaum noch spritzen. Denn eins ist klar: Die Ansprüche an die Produkte aus Bioanbau haben sich denen des konventionellen Anbaus angepasst. Hat der Apfel auch nur ein Tüpfelchen, dann kann er nicht verkauft werden, sondern muss in die Mostkiste."

Schönheit gehört auch ins Glas

Auf dem Neuhollandshof werden alle Äpfel von Hand gepflückt, dann in der Kelterei van Nahmen gepresst und der Saft in der Privatsektkellerei Heim in Neustadt an der Weinstraße zu drei Apfelperlweinen nach Secco-Art verarbeitet: lieblich wie Tochter Leslie, halbtrocken wie Sohn Linus und knochentrocken wie Emmely. Letztere ist der Golden Retriever der Clostermanns! Neueste Kreation: der „Appléritif", ein prickelnd frischer Apfelsaft mit Rosenaroma. Rosarot funkelt das extravagante Getränk im Glas, beim ersten Schluck vereint sich die Schönheit der Rose, der Extrakt der aufwendigen Arbeit im Obsthain mit dem Bild des herrlichen Ambiente des Neuhollandshofs spritzig-aromatisch am Gaumen. „Entstanden ist die Idee, als wir mal einen Tropfen Rosenessenz

Warum haben es die Rosen Ihnen und Ihrer Gattin so angetan?
Die Rose verbindet Altes mit Neuem – nicht nur in der Kunst – und ist seit Jahrtausenden Kulturbegleiter des Menschen, übrigens auch in der arabischen und asiatischen Welt. Zudem gilt die Rose als Königin der Pflanzen und steht nicht nur für Tugendhaftigkeit, sondern auch für Werte und ist in jeder Hinsicht positiv belegt. Somit veredeln wir mit ihr nicht nur unsere Plantage als landschaftskünstlerisches Element, sondern auch unsere Getränke.

Nach welchen ästhetischen Prinzipien gestalten Sie den Neuhollandshof?
Nach Prinzipien der bildenden Künste, z.B. Skulpturen in der Plantage und auf dem Hof, Gestaltung der Landschaft und der Plantage, und Gemälde hängen bei uns auch in den Wirtschaftsräumen. Dieses künstlerisch-ästhetische Konzept wird durch Lesungen, Theater und Musik in Kombination mit Verkostungen unserer Produkte in unserer Kulturscheune und in der Plantage komplettiert.

Kommt bei der Ästhetik die Wirtschaftlichkeit nicht zu kurz?
Nein, ganz im Gegenteil! Ästhetik dient der Förderung der Wirtschaftlichkeit. Im Marketing stehen hierfür moderne Begriffe wie „Corporate Identity" und „Corporate Design". Was wir mit dem äußeren Auftritt und der Qualität unserer Produkte kommunizieren, findet man auch im Produktionsbetrieb wieder. Ästhetisches Design steht für Topqualität und Schönheit.

Apfelwein ist nicht gerade das Volksgetränk am Niederrhein. Wie sind Sie auf die Idee gekommen, Apfelperlweine herzustellen?
Auf einer Obstbaumesse im Norden bot ein Winzer Apfelsecco aus eigener Produktion an. Da dachte ich: gute Idee. Mit Sekt lässt sich eine edle Marke formen, die ihren Preis durch Spitzenqualität rechtfertigt. Denn ich ärgerte mich schon lange vorher über die deutsche Schnäppchenjägermentalität und den Billigwahn im Lebensmittelsektor. In kaum einem Land Europas achtet der Verbraucher mehr auf den Preis als auf den Wert von Lebensmitteln. Ich erinnerte mich daran, dass in den 1960er- und 1970er-Jahren mit großem Erfolg in unserem Land in erster Linie die Produkte mit Qualität beworben wurden, durchaus mit gutem wirtschaftlichem Erfolg. Aus diesen Gedanken entstand unser erster Apfelsecco. Unsere Getränke haben das Potenzial, dass sich unsere Kunden sehr schnell wieder auf Qualität besinnen. Übrigens: Schönheit und Ästhetik fallen für mich auch unter den Wertebegriff Qualität!

in unseren Apfelsaft gaben. Dann haben wir in ein Sektglas ein Rosenblatt gelegt und mit Apfelsaft aufgegossen – wir waren hin und weg von dem guten Geschmack und überzeugt, dass wir aus den beiden Komponenten ein neues Produkt herstellen müssen." Für diese extraordinäre Kreation die richtigen Zutaten zu finden, war gar nicht so einfach. Beinahe wäre das Projekt gescheitert. „Die Rosen, die wir in der Plantage anbauen, sind nur für die Schönheit, also ein Augenschmaus. Duftrosen blühen leider meist nur sehr kurz und sind nicht so attraktiv." Deswegen mussten Clostermanns lange, lange nach einem passenden Rosenextrakt suchen. Die meisten schmeckten nach Seife, stellte Thea Clostermann fest. Unter 30 verschiedenen Rosenextrakten fanden sie schließlich einen, der geschmacklich überzeugte.

Die Rose ist ein jahrtausendealtes Symbol. Jeder verbindet etwas Positives damit.

Im Namen der Rose

Der Apfel gehört zur gleichen Pflanzenfamilie – Rosaceae – wie die Rose. „Zwei von einem Stamm, darüber habe ich gar nicht nachgedacht beim Pflanzen. Ich dachte einfach, das passt schön. Inspiriert haben mich französische Weingüter, die Rosen in den Weinberg pflanzen, sozusagen als Alarmmelder für Pflanzenkrankheiten ... und es sieht einfach wunderbar aus." Nun blüht die robuste Strauchrose Bischofsstadt Paderborn in leuchtend hellem Rot mit dezentem weißen Auge üppig, die gelbe Edelrose Gloria Dei versprüht ihren charmanten Duft, und 1.000 rosafarbene Bodendecker-Rosen ranken auf der Rosenallee, dem Hauptzufahrtsweg zur Plantage, bis in die Apfelbäume. „Rote Rosen, das muss sein. Denn Rot ist die klassische Rosenfarbe, angenehm fürs Auge und die Seele", sagt Rosenzüchter Clostermann. Gärtnerfreude und Sunnyrose sind weitere robuste Rosensorten, die keinen Mehltau und andere typische Krankheiten bekommen und sich wunderschön in die Apfelplantage und das Hofambiente einfügen. So auch um das pittoreske Rosenhäuschen mit Storchennest auf dem Dach.

Apfelweinspezialitäten

»DIE WIEDERENTDECKUNG DES APFELWEINS IST EINE LOGISCHE KONSEQUENZ AUS DER BESINNUNG AUF DIE GROSSE VIELFALT AN LEBENSMITTELN, DIE UNS DIE HEIMAT BIETET.«

EVERT KORNMAYER

Der Kreativstratege

JÜRGEN KRENZER, RHÖNER SCHAUKELTEREI
Es lebe die Lokalisierung!

Sortenschutz betreibt Jürgen Krenzer per Getränkekarte, Artenschutz mit der Speisekarte, indem er für regionale Produkte wie den Rhönapfel oder das Rhönschaf Absatzmärkte schafft. So baut er die fast ausgestorbene Sorte Seebaer Borsdorfer, einen herrlichen Apfel, den nur keiner mehr kennt, zu einem wunderbaren, milden Apfelwein aus. Die sauren Äpfel aus den Höhenlagen der Rhön verwendet der Lokalmatador für seine Rhöner Apfelsherrys. Den ersten hat er vor fast 30 Jahren per Zufall kreiert. Mittlerweile gibt es an die 30 Sorten – von staubtrocken bis edelsüß, von „Apfelsherry Boikenapfel" bis „Cuvée Max" und der Apfelsherry-Legende „Whiskyfaß 1.0". Diese Kreation zählt mittlerweile zu den besten zehn Apfelsüßweinen weltweit.

1991 wurde die Rhön von der UNESCO zum Biosphärenreservat gekürt. Welche Bedeutung hatte das für die Entwicklung der Region?

Jürgen Krenzer: Durch die Auszeichnung der UNESCO besann man sich auf die Wertigkeit regionaler Produkte. Plötzlich geisterte der Begriff „regionale Wertschöpfungskette" durch aller Munde. Damit kam auch der Apfel wieder in den Fokus.

Sie sind Mitbegründer und Vorsitzender der Rhöner Apfelinitiative. Wozu braucht man eine Apfelinitiative?

Jürgen Krenzer: Die Rhöner Apfelinitiative ist der einzige von Bürgern gegründete Verein in der Rhöner Regionalentwicklung, der seit fast 20 Jahren besteht. Aktuelles Projekt: 1.000 Apfelbäume für die Rhön. Denn zwischen 1960 und 1990 wurden kaum noch Apfelbäume gepflanzt. Stellen Sie sich eine Bundesrepublik vor, in der es zwei Generationen gar nicht gibt. Dann hat man viele Alte und einige junge Hüpfer. Und so sieht es in den Streuobstwiesen auch aus, die Folge der fatalen Fehler der EU-Rodungsprämien, die das Fällen von alten Obstbäumen mit 60 DM gefördert hat. Das Ziel: Die Sortenvielfalt sollte auf 30 Sorten deutschlandweit begrenzt werden. Wir hatten mal 3.000! Ich bin froh, dass meine Oma eine renitente Frau war und sich (fast) allem widersetzte ... und auch die Bäume nicht fällen ließ. Die Gemarkung, in der unsere alte Streuobstwiese liegt, heißt Baumgarten. Da stand mal alles voll mit Apfel- und Obstbäumen. 1993, als ich mit der Apfelinitiative angetreten bin, hatte der heimische Apfel gar keinen Wert mehr. Erst durch höhere Preise für die Ernte und gute Produkte, die daraus entstanden, wurden Apfelbäume in Streuobstwiesen für die Besitzer wieder interessant.

Sie haben den Apfelsherry „erfunden". Wie das?

Jürgen Krenzer: Der „Rhöner Apfelsherry" ist eigentlich ein Zufallsprodukt, wie so vieles, entstanden aus Experimentierfreude! Ich hatte die Streuobstwiesen von meinem viel zu früh verstorbenen Vater geerbt und mich darum gekümmert, die Äpfel zum Pressen in eine Lohnmosterei vor Ort gebracht und den Saft der eigenen Äpfel zurückbekommen. Den habe ich, damals war ich 12 oder 13 Jahre alt, für ein Taschengeld an meine Mutter verkauft. Als 13-jähriger habe ich auch zum ersten Mal Apfelwein probiert. Igitt, war der sauer! Also habe ich einen alten Herrn in der Lohnmosterei gefragt, wie Apfelwein süßer werden könnte, denn bis heute mag ich die knochentrockenen Schoppen nicht. Honig, Feigen, Pflaumen, Zucker zugeben, das war der Tipp. Also habe ich mir Glasballons gesucht, um Apfelwein mit solchen Beigaben anzusetzen und um hinterher festzustellen, dass es immer noch nicht schmeckt. Denn das ganze Süße, das ich dazugegeben habe, ist mit vergoren, der Alkoholgehalt war hoch und das Ganze hatte einen brandigen Geschmack.

Wie wurde aus dem sauren Rhön-Stöffchen ein vollmundiger Apfelsherry?

Jürgen Krenzer: Ein englischer Gast interessierte sich damals für meine Kellerexperimente und bat mich, einen Blick „hinter die Apfelweinkulissen" werfen zu dürfen. Kurzerhand nahm ich ihn mit. Was er mir über Apfelwein erzählte, erstaunte mich. Denn ich konnte kaum glauben, dass es in Südengland „Apfelweinfabriken" gibt und die Engländer das Volk mit dem höchsten Apfelweinverbrauch pro Kopf auf der Welt sind. Als besagter englischer Gast den Rhöner Apfelwein probierte, verzog er seine Miene gewaltig, murmelte etwas von „dry", „sour". Den Rest konnte ich mit meinem Schulenglisch nicht übersetzen. Aber er war höflich und schluckte den frisch vergorenen Stoff hinunter, und ich erfuhr, dass man bei ihm zu Hause ganz andere Apfelweine produziere, süßere und alkoholreichere Apfelweine, aber auch spritzige Varianten mit viel Kohlensäure. Mich interessierte besonders die alkoholreiche Variante des Apfelweins, die er als „Strong Cider" bezeichnete. Er erzählte mir einige Einzelheiten darüber und ich schrieb alles auf.

Also learning by doing?

Jürgen Krenzer: Ja, denn eine Woche später machte ich mich an die Arbeit: ganz saure „Holzäpfel" oder gerbstoffreiche Bohnäpfel zu organisieren, aus diesen Saft zu pressen und mit einer genauestens auf die Säure des Apfelsafts abgemessenen Zuckermenge anzusetzen, das waren die kleineren Probleme. Mir fehlte die spezielle Sherry-Hefe! Also bat ich meinen englischen Mentor, mir diese zu schicken. War zwar nicht erlaubt, aber nach wenigen Tagen kam ein gelber Umschlag mit weißem Pulver drin. (Jürgen Krenzer lacht verschmitzt.) Nun konnte ich endlich die Sherry-Hefe zugeben. Anschließend stellte ich den Behälter im sehr warmen Gärkeller auf ... und wartete gespannt. Normalerweise setzt die Gärung nach 3 Tagen ein, doch es passierte nichts. Ich wusste damals noch nicht, dass es auch sanfte Gärprozesse gibt, bei denen die Kohlensäure nur ganz zaghaft entweicht. Frustriert kam ich Tag für Tag aus dem Keller, statt des erhofften „englischen Apfelsherrys" kam aus dem 100-Liter-Fass süßklebriger Apfelsaft mit ordentlicher Säure. Nach knapp einem Monat hatte ich von den täglichen Enttäuschungen genug. Ich entfernte das Fass aus dem Gärkeller und stellte es vorübergehend in eine freie Ecke des Apfelweinlagers. Ich wollte später entscheiden, was mit dem Inhalt passieren sollte.

Experiment gescheitert?

Jürgen Krenzer: Es schien so, denn es verging ein ganzes Jahr. Im folgenden Herbst hatten wir eine sehr gute Apfelernte, und meine Apfelweinfässer reichten nicht aus. Da erinnerte ich mich an das vor einem Jahr im hintersten Winkel des Apfelweinkellers abgestellte Fass. Dieser komische Apfelsaft ist doch bestimmt hinüber, dachte ich und zog das Fass nach vorne, um den Inhalt über den Bodenauslauf zu entleeren. Als ich den Hahn öffnete, kam eine bernsteinfarbene, wohlriechende Flüssigkeit heraus, die jetzt in das öffentliche Kanalsystem eingespeist wurde. Die gerade entsorgte Mischung roch sehr angenehm nach Alkohol und Äpfeln, die Flüssigkeit schien klar zu sein. Ich öffnete den Deckel des Fasses. Ein tolles Bouquet begrüßte mich, der vergorene Apfelsaft lag auf der Hefe, kein Schimmel, keine unangenehmen Nebenerscheinungen! Erst jetzt schloss ich – leider viel zu spät – den Auslaufhahn und holte ein Glas, um einen Schluck des im letzten Jahr missratenen Getränks zu probieren. Welche Überraschung! Die Flüssigkeit verbreitete zunächst in meiner Nase einen sherryähnlichen Ton, der diesem Produkt letztlich auch den Namen gab. Auf der Zunge entwickelte sich ein feiner, halbtrockener

Apfelgeschmack, der vollmundig ein ausgeglichenes Verhältnis von Restzucker und Säure offenbarte. Ein idealer Aperitif aus Äpfeln war entstanden.

Dürfen Sie Ihr Produkt überhaupt als Sherry bezeichnen? Die Bezeichnung ist doch ebenso geschützt wie Champagner zum Beispiel.
Jürgen Krenzer: Ja, da gab es schon Ärger. Ich bin sogar mit einer guten Freundin bis nach Madrid ins Landwirtschaftsministerium gegangen, um zu klären, welche Bezeichnung ich verwenden darf. Mir wurde zugestanden, unseren Apfelsherry als „Krenzers Apfel nach dem Sherryverfahren hergestellt" zu etikettieren. Außerdem habe ich ein Patent vom deutschen Patentamt in München auf die Produktbezeichnung „ApfelSherry". Eigentlich ist dieser „Rhöner Sherry", wie wir das Produkt umgangssprachlich nennen, ein Apfeldessertwein, der mindestens 13 Volumenprozent Alkohol haben muss. Diese Angabe steht auch auf dem Etikett.

> WENN DEN MENSCHEN EIN PRODUKT SCHMECKT, SIE DESSEN QUALITÄTSMERKMALE SCHÄTZEN, DANN WERDEN SIE SICH AUCH DAFÜR ENGAGIEREN. NOTFALLS MIT DER APFELWEIN- ODER APFELSHERRYFLASCHE IN DER HAND DIE ABHOLZUNG DER ALTEN APFELBÄUME VERHINDERN!

> ICH SEHE ES ALS MEINE AUFGABE, FAST VERGESSENE OBSTSORTEN ZU ERHALTEN UND ZU PFLEGEN. WENN DER FEINE GESCHMACK EINER ROTEN STERNRENETTE VIELEN KINDERN IN ERINNERUNG BLEIBT, DANN WERDEN SIE ALS ERWACHSENE NICHT TATENLOS ZUSEHEN, WENN NUR NOCH GESCHMACKSNEUTRALE IMPORTÄPFEL AUF DEM MARKT ZU FINDEN SIND.

Der Freigeist

JÜRGEN KATZENMEIER, GASTHAUS ZUR FREIHEIT
Apfelweine und -essige als Referenz an die Heimat

Kostbarkeiten wie Wildling, Roter Eiserapfel, Goldparmäne, Sternrenette, Gelber Edelapfel, Boskoop und Bohnapfel oder Mollebusch- und Graubirne gedeihen unter der Obhut und Pflege von Jürgen Katzenmeier auf den Streuobstwiesen rund um das „Gasthaus zur Freiheit". In den Obsthainen stehen teilweise 100-jährige Bäume. Die Rote Sternrenette, ein Apfel mit besonderer, beinahe parfümierter Note und roten Bäckchen zum Beispiel, wurde früher mit Speckschwarte poliert und zu Nikolaus oder unterm Weihnachtsbaum verschenkt, weiß Jürgen Katzenmeier. Die Pflege des ererbten alten Bestands mit seinen regionaltypischen Sorten und dessen Verjüngung durch Neuanpflanzungen liegt dem ausgebildeten Koch, ehemaligen Flugbegleiter und kulinarischen Weltenbummler am Herzen. Äpfel, Birnen und das Steinobst sind Rohstoffe für die regional inspirierten Küchenkreationen und facettenreichen Produkte wie Essige, selbst gekochte Marmeladen oder Senf im Gasthaus zur Freiheit.

Die Freiheit des Genusses

Die erste urkundliche Erwähnung des Gasthauses zur Freiheit datiert vom 13. Oktober 1456. Seither wurde das Gasthaus renoviert, saniert, erweitert und ist heute ein stattliches, schindelverziertes Fachwerk-Ensemble. Anno dazumal trafen hier die Gemarkungsgrenzen von Ober-Ramstadt, der Rodensteiner Mark und des Erbach'schen Amtes Reichenberg zusammen. Deswegen war der Ort „gefreit", stand also außerhalb der Gerichtsbarkeit und bot so manchem Freidenker Zuflucht. Am selben Ort stießen früher auch vier Kirchenspiele aufeinander. Vor mehr als 230 Jahren fand ein „Exercitium eines raren Actus" statt, bei dem die Pfarrer von drei Gemeinden an einem Tisch, jeder jedoch in seinem Kirchspiel, saßen. Dazu wurden gottgefällige Lieder gesungen, Weck und Wein sorgten für das leibliche Wohl. Bei diesem Labsal ist es im Odenwälder Landgasthaus nicht geblieben. Inhaber und Küchenchef Jürgen Katzenmeier ist nämlich ein Freigeist und widmet sich der anspruchsvollen, abwechslungsreichen Regionalküche mit stets frischen Produkten. „Steak vom Schleiersbacher Weidekalb in Bohnellenrahm", „Odenwälder Ebbelwoihinkelsche" oder „Apfelwein-Vanille-Creme mit karamellisiertem Zucker und Hüttenthaler Sahne" sind nur einige seiner Landgourmetkreationen.

Die Freiheit zu Experimenten

Katzenmeiers Liebe gilt, neben der zu seiner Gattin und den beiden Kindern, seit 2006 dem Apfelwein, der seit Generationen in der Familie gekeltert wird, und seit 2008 auch edlen Essigen. „Ich war es leid, Essige für meine Küche zu kaufen, die mir nicht schmecken und die nicht wirklich gut sind. Die Idee, selbst Essig herzustellen, ist aus dem Anspruch entstanden, meine Speisen mit hochwertigen, sortenreinen Essigen zu adeln, nicht mit überzuckertem Industriebalsamico. Zum Beispiel passt der Essig vom Zitronenapfel mit zitrusfruchtiger Note ganz wunderbar zu Fischgerichten." Aber bis zum ersten fertigen Essig war es ein längerer, experimenteller Weg. „Die Essighersteller haben es geschafft, aus ihrer Technik ein großes Geheimnis zu machen und Legenden zu bilden. Dazu gehört: aus Saft wird Essig." Katzenmeier lässt sich aber von der Geheimniskrämerei der Essigproduzenten nicht abschrecken, im eigenen Keller zu experimentieren. „Ich habe viele Quellen genutzt, ich habe viel gelesen und Kollegen befragt, bis ich verstanden hatte, wie es funktioniert. Bei der Recherche trifft man immer auf dieselben Namen: Gegenbauer oder den Doktorenhof zum Beispiel." Basis von Katzenmeiers hochwertigen, aromatischen Essigen sind frische Früchte wie etwa Himbeeren und Kirschen oder Basilikum und Tomaten. Diese werden eingemaischt und reifen in Katzenmeiers Keller zu Essigen mit intensiven Aromen. Aus Apfel-Quitten-Maische oder seinem im Holzfass gereiften Apfelwein entstehen vollmundige Essige, die rund und aromatisch sogar als appetitanregende Aperitifs der besonderen Art taugen.

Der volle Geschmack des Odenwaldes

Katzenmeiers Essige entstehen im Submersverfahren, das eine besonders reintönige Vergärung ermöglicht. „Maische hat den Vorteil, dass darin noch alle Inhaltsstoffe der Früchte oder Kräuter enthalten sind." Im Glasballon vergärt der abgepresste Saft der Maische plus die Geschmackszutaten wie Tomate oder Kirsche – alle aus der Region – bei einer konstanten Temperatur von etwa 28 Grad Celsius. Obenauf schwimmt die Essigmutter wie bei der Sherryproduktion. Grundvoraussetzung für die Essigherstellung: „Man braucht einen lebenden Essig, das heißt einen Essig, in dem noch Bakterien leben, die übrigens völlig unschädlich sind. Deswegen muss man einen Starter-Essig kaufen, mit dem man die Vergärung initiieren kann." Katzenmeiers Spezialität: die Vergärung von Essig im Holzfass mit speziellen Bakterien. Sogar Kollege Jürgen Krenzer bringt seinen „Rhöner Apfelsherry" in den Odenwald, um ihn hier vom Essigbaron vergären zu lassen. „Meine Essige sind ein erklärungsbedürftiges Produkt." Deswegen sieht Jürgen Katzenmeier seine Essige nicht in den Regalen von Feinkostgeschäften. „Es bedarf einer gewissen Aufklärung, um das Produkt zu verstehen", sagt er. Und das kann er am besten im eigenen Restaurant oder Apfelshop leisten.

Was versteht man unter „reintönigem" Essig?
Das ist für mich ein Essig, der sortenrein als reiner Gärungsessig ausschließlich aus den Früchten, deren Name er trägt, vergoren wurde und der keine Fehltöne wie zum Beispiel Ethylacetat (Klebstoffgeruch) enthält.

Welche Qualitätskriterien gibt es für Essige?
Ganz grob kann man Gärungsessige und Ansatzessige unterscheiden. Für einen reinen Gärungsessig werden ausschließlich die namensgebenden Früchte zu Wein und danach zu Essig vergoren. Qualitativ hochwertige Essige entstehen grundsätzlich als reine Gärungsessige. Weiterhin entscheidet die Qualität des Grundprodukts hinsichtlich Aroma, Extrakt- und Alkoholgehalt sowie Reintönigkeit maßgeblich über die Qualität des Endprodukts.

Was zeichnet einen Essig aus, den man auch – wie den Ihren – als Aperitif genießen kann?
Die Balance zwischen einer gut eingebundenen Säure und Süße. Geschmack und Bekömmlichkeit entstehen, weil die Säure im Essig durch eine lange Lagerzeit eingebunden wurde und die Süße nicht einfach durch Zuckerzusatz, sondern durch den natürlichen Fruchtzucker entsteht.

Was macht den geschmacklichen und qualitativen Unterschied des Endprodukts Essig zwischen der Vergärung im Glasballon und im Fass aus?
Es macht einen großen Unterschied für das Endprodukt, ob es im Fass oder im Glasballon reifen kann – immer abhängig vom gewünschten Ergebnis. Essige von Früchten mit empfindlichen Aromen, wie zum Beispiel Himbeeren, Quitten oder Johannisbeeren, würde ich immer im Glasballon lagern. Dabei bleiben der Fruchtgeschmack und die feinen Aromen am besten erhalten. Essige aus eher kräftigen Grundprodukten, wie zum Beispiel Äpfeln oder Zwetschgen, vertragen eine Lagerung im Holzfass besser. Dann geschieht das Gleiche wie beim Wein: Der Essig kann atmen, wird weicher und nimmt die Holzaromen auf.

Kann man seinen Essig nicht einfach selbst zu Hause machen?
Natürlich kann man das. Dazu braucht man vor allem Geduld, einen Glasballon mit weiter Öffnung, einen Raum mit einer Temperatur von 28 Grad Celsius, eine frische Essigkultur und einen hochwertigen, nicht geschwefelten Grundwein. Das macht viel Spaß und wird in den meisten Fällen sogar zu einem genießbaren Ergebnis führen. Das Wissen um diese – früher in jedem Haushalt selbst gemachten – Dinge wird leider heute kaum mehr angewandt. Aber die Freude einen selbst gemachten Essig verwenden zu können, dürfte die Mühe reichlich belohnen.

Der Genusshandwerker

JÖRG GEIGER, MANUFAKTUR JÖRG GEIGER
Schaumwein von der Champagner Bratbirne trifft den Zeitgeist

Seiner Heimat am Rande der schwäbischen Alb und ihren Streuobstwiesen verbunden und inspiriert von der Kelterkunst seines Großvaters, startete Jörg Geiger 1995 seine Qualitäts-Obstwein-Offensive. Mittlerweile werden in der Manufaktur Jörg Geiger 25 verschiedene edle Tropfen von Apfel und Birne hergestellt. Viele davon sind hochdekoriert.

Der Retter der Champagner Bratbirne

„Man muss querdenken", sagt Jörg Geiger. Für seine innovative Arbeit auf der Streuobstwiese, im Keller und in der Küche genießt der Koch und Betriebswirt bei Feinschmeckern und Freunden edler Tropfen hohes Ansehen. Eigentlich wollte er Bauer werden, nun gehören ihm eines der besten Landgasthäuser und die führende Obstweinmanufaktur im Süden der Republik. Als Jörg Geiger 1993 den elterlichen Gasthof mit kleiner Landwirtschaft und Restbeständen von alten Champagner-Bratbirnen-Bäumen im 1.700-Seelen-Örtchen Schlat bei Göppingen übernahm, wollte er etwas Eigenes, eine unique selling proposition (USP), kreieren. Er besann sich auf regionale Traditionen und kam bei seinen Überlegungen auf den prickelnden Most, den sein Großvater einst aus kleinen, rundlich grünen und im Rohzustand ungenießbaren Champagner Bratbirnen hergestellt hat. Der Enkel war sich sicher: Das wird ein Renner.

Im Gegensatz zum Rest der Republik, in dem Most den frischen gepressten Saft bezeichnet ist bei den Schwaben der Most das vergorene Produkt vom Apfel- oder Birnensaft.

Produktion im Einklang mit der Natur

Fünf knorrige Riesen in den eigenen Streuobstwiesen, das war der Grundstock für seine Birnenschaumweinproduktion. Auf der systematischen Suche nach weiteren Bäumen der selten gewordenen württembergischen Birnensorte wurde er aber bald fündig. Denn in Schlat mit seiner für den Obstbau günstigen Lage und der Verbundenheit der Menschen zu ihren Champagner-Bratbirnen-Bäumen war rund um das Dorf ein vitaler Bestand erhalten geblieben. Geiger kaufte alte Baumbestände auf, suchte Destillateure und Kelter-Spezialisten, investierte die runde Summe von 2 Millionen Euro in die Entwicklung des Schaumweins aus der edlen Champagner Bratbirne. 1995 wurden die ersten 100 Flaschen produziert, 1997 wurde die neue Manufaktur gebaut und 1.100 Flaschen Schaumwein aus der Champagner Bratbirne für den Verkauf hergestellt. Heute produziert Jörg Geiger etwa 30.000 Flaschen davon. „Aber wir sind bei der Produktion abhängig von der Natur. Sonne, Regen – viele Faktoren bestimmen die Erntemenge, die Qualität des Obstes und damit auch, ob und wie viel wir produzieren können. Wenn man mit alten Bäumen arbeitet, dann gibt es bestimmte Sorten in manchen Jahren einfach nicht."

Wie Champagner, nur besser

Die Herstellung des Schaumweins ist eine Wissenschaft für sich und beginnt beim Obst. Für seinen Schaumwein entwickelte Jörg Geiger Qualitätsverpflichtungen weit jenseits der herkömmlichen für Obstweinproduktion, also ohne Wachstumsregularien, Gentechnik und Pflanzenschutzmittel. Außerdem wird natürlich geerntet, das heißt: Die Birnen werden nicht vom Baum geschüttelt, sondern fallen von allein ins Gras. Geiger lässt sich die einmalige Qualität der Champagner Bratbirne sogar von der Lehr- und Versuchsanstalt für Wein- und Obstanbau in Weinsberg bestätigen: „Die Qualität der Schlater Birnen liegt bei mindestens 55 Grad Öchsle." Sie werden von den Streuobstwiesenbesitzern, die oft nur einen oder zwei Bäume im Bestand haben, sortenrein in Geigers Kelterei angeliefert. Die Baumbesitzer profitieren nicht zuletzt vom Erfolg der Manufaktur. Bekommen sie für den Doppelzentner Mostobst sonst um 5 Euro, zahlt Geiger für 100 Kilo Bratbirnen zwischen 40 und 49 Euro. „Streuobstwiesen kann man nur über den Preis schützen", weiß er. Weil er ordentliche Preise für das Obst von der Streuobstwiese zahlt, lohnt sich das Bücken wieder und die Bauern ernten Äpfel, Birnen, Zwetschgen (die sonst achtlos liegen bleiben) wieder – und sie pflegen die wertvollen Bäume im ökologisch wertvollen Biotop Streuobstwiese.

Alte Obstsorten beeindrucken durch ihre innere Wertigkeit. Aus gesundheitlicher Sicht sind für den Menschen wertbestimmende Inhaltsstoffe, wie Gerbstoffe bei Birnen und Fruchtsäuren bei Apfel, von Bedeutung. Diese hohe Wertigkeit fehlt modernen Sorten meist.

Prickelnder Genuss

In der Manufaktur Jörg Geiger wird der Birnenschaumwein nach dem traditionellen Flaschengärverfahren (Methode Champenoise), dem ältesten Verfahren, um die zweite Gärung bei der Herstellung von Schaumwein einzuleiten, hergestellt. Zunächst werden die Weinbirnen nach der Lese von Hand nach Reifegrad sortiert. Denn die noch grünen Exemplare müssen 2 bis 3 Wochen in der Schwitzkiste nachreifen. Durch dieses „Schwitzenlassen" kann sich das üppige Aroma der Birne voll entwickeln. Die reifen Birnen werden gewaschen, gemahlen und schonend bei geringem Druck – bis maximal 1,6 Bar – gepresst.

Zur Qualitätssicherung gehört es nämlich auch, die Birnen nicht über Gebühr zu pressen. Eine Tonne Obst bringt in Geigers Kelterei 550 Liter Saft. Mehr tut nicht gut, ist der Qualitätsfanatiker überzeugt. Nach dem Pressen läuft der süße Saft klar von der Kelter, die Gerbstoffe der Birnen fällen die Trübstoffe sofort aus. Dann ruht er im sogenannten Absetztank, um am nächsten Morgen in den entsprechenden Gefäßen zur ersten Gärung zu kommen. Fast drei Monate dauert dann die schonende Kaltgärung im Keller. So bleiben die Aromen erhalten und es entwickelt sich die natürliche Kohlensäure. Nach Abstich und Filtration werden die Cuvées – trocken, brut und extra brut – mit Erfahrung und Geschick von Jörg Geiger und seinem Kellermeister zusammengestellt.

Halbtrocken

Breite üppige Frucht im Duft vereint sich mit deutlicher Süße (Restzucker 33 Gramm) im Geschmack und hinterlässt einen fülligen und schmeichelnden Eindruck.

Trocken

Ausdrucksvolle klare Birnenfrucht in der Nase, gut eingebundene, appetitanregende Gerbstoffstruktur in einem ausgewogenen Verhältnis zur Restsüße.

Brut

Finesse und feingliedrige Frucht im Duft – feine Säurestruktur und ein nussig aromatisches Mittelstück, typisch für die traditionelle Flaschengärung und die Reifung auf der Feinhefe.

Extra Brut (Selection Bernd Kreis)

Klarer und feiner Birnenduft mit floralen Akzenten, eleganter Anklang und sanftes Prickeln der feinen Kohlensäure. Der Geschmack ist ausgewogen, von außergewöhnlicher Klarheit und hoher aromatischer Intensität.

Nach der Flaschenfüllung beginnt die zweite Gärung mit Restzucker und Champagnerhefe. Insgesamt bleibt der Schaumwein also mindestens 9 Monate in der Flasche, wird dabei behutsam teils von Hand gerüttelt und am Schluss vom Hefepfropf befreit und verkorkt. Geigers Birnenschaumwein aus der Champagner Bratbirne präsentiert sich mit feinperligem, langanhaltendem Mousseux. Der Duft betört mit Noten von reifen Birnen. Der renommierte Weinkritiker Stuart Pigott urteilt in seinem kleinen Weinführer, Ausgabe 2010: „In diesem hochoriginellen Schaumwein verbinden sich reife Birnenaromen mit sanften Gerbstoffen zu einer feinen Harmonie, die manche große Champagnermarken blass aussehen lässt!" Und vergibt 4 von 5 Pigott-Punkten.

Kampf mit dem Champagnersyndikat

Als Jörg Geiger den Produktnamen „Schaumwein von der Champagner Bratbirne" auf die Etiketten seines Birnenschaumweins schrieb, rief er Frankreichs Weinindustrie auf den Plan. Das Champagnersyndikat fand es gar nicht lustig, dass mit dem klangvollen Titel Champagner auf dem Etikett geworben wurde – obwohl die Birne nun mal so heißt. Ein langer, kostspieliger Rechtsstreit mit einem Vergleich folgte. Dabei wird die Champagner Bratbirne seit Mitte des 18. Jahrhunderts hoch geschätzt und als „Weinbirne" von besonderer Güte eingestuft. 1760 wurde der Bratbirnen-Sekt im Königreich Württemberg erstmals beschrieben. „Schaumwein aus Obst ist hierzulande also deutlich älter als Perlwein aus Trauben", bestätigt Jörg Geiger. Im Jahre 1839 wurde über den Wein aus der Champagner Bratbirne berichtet: „Man lässt sie auf den Bäumen bis zum Gefrieren. Der Most wird gut davon und hat einen ganz besonderen, angenehmen Geschmack. Wenn man ihn spuntet und nicht ganz gären lässt, so moussiert er wie der Champagnerwein und hat vieles von seinem Geschmack an sich." Den Grund für den Erfolg seines „Birnenschaumweins" hergestellt aus der Obstsorte Champa-

gner Bratbirne" sieht Jörg Geiger auch im besonderen Aroma der Weinbirne. „Die Früchte sind klein, gehaltvoll und enthalten neben Zucker auch Säure und Gerbstoffe – ideal für die Schaumweinproduktion."

Alle reden vom Naturschutz – Jörg Geiger praktiziert ihn zum Nutzen aller

Streift man mit Jörg Geiger durch die Streuobstwiesen rund um seinen Heimatort Schlat, dann spürt man seine tiefe Verbundenheit zu diesem herrlichen Gotteswinkel. Für den Erhalt der Natur, der traditionellen Streuobstwiesen und gegen die Gleichmachung des Geschmacks engagiert sich der Gastronom und Kellermeister nachhaltig. Nicht zuletzt weil die regionalen Besonderheiten die Grundlage für die Authentizität seiner Premiumprodukte sind. „Wir wollen die geschmackliche Vielfalt wieder herstellen und bewahren", sagt er. Guter Geschmack und der traditionelle Anbau alter Obstsorten brauchen eine Lobby. Deswegen haben engagierte Bürger den „Verein zur Erhaltung und Förderung alter Obstsorten – Rettet die Champagner Bratbirne e.V." gegründet, dessen erster Vorsitzender Jörg Geiger ist. Außerdem beteiligt sich die Manufaktur Geiger am Life-Projekt „Vogelschutz in Streuobstwiesen des Mittleren Albvorlandes und des Mittleren Remstales". Seinem Ziel, die heimische Kulturlandschaft mit ihren landschaftsprägenden Streuobstwiesen und den knorrigen Birnenbäume mit Unterstützung der ortsansässigen Landwirte, zu erhalten und zu fördern, ist der Keltermeister durch sein nachhaltiges Engagement ein gutes Stück näher gekommen. Dafür sammelt Jörg Geiger mittlerweile Auszeichnungen und Preise wie Eichhörnchen Nüsse vor dem Wintereinbruch: 1999 Innovationspreis der Steinbeis Stiftung und der Wirtschaftsförderung im Landkreis Göppingen. 2001 Kulturlandschaftspreis für sein Engagement, alte Traditionen durch Innovationen wieder aufleben zu lassen. Slowfood Deutschland hat den Birnenschaumwein aus der Champagner Bratbirne als ersten Vertreter Süddeutschlands in die Arche des Geschmacks, als schützenswertes, regionales und kulinarisch wertvolles Produkt aufgenommen. Bei der Internationalen Obstweinmesse 2009 wurde Geigers 2008er Eispafel von führenden Weinjournalisten in die 12er Runde der „TOP Sicer" gewählt, in der Ausgabe 2010 von Stuart Pigott's kleinem Weinführer wurde Jörg Geiger als „Obstweinerzeuger des Jahres" ausgezeichnet.

In unserer Obstmanufaktur sammeln und kultivieren wir Raritäten von der Streuobstwiese sortenrein und machen mit dem besten Wissen aus dem Weinbau und immer getrieben von so genannten schwäbischen Tugenden wie Leidenschaft und Perfektion das Beste daraus.

Die Eisprinzen

KARIM TEUFEL UND GUIDO JÖRG, DASEIS.
Frozen Stöffche

Die Frankfurter Allgemeine Zeitung schrieb: „DasEis.' ist der Club unter Frankfurts Eisdielen." Sehr treffend bemerkt! Das innovative Versuchslabor zum Thema Genuss und Nachhaltigkeit gibt es seit 2008 nahe der Frankfurter Kleinmarkthalle, dem „Bauch" der Mainmetropole. Das Produktportfolio von DasEis. listet „BioEis", „BioSoftEis", „BioEisSmoothies", „BioKaffee", „BioKuchen" und „BioSuppen". Alles 100-prozentig biozertifiziert. „Hergestellt wie früher, aber mit dem Geschmack von heute", sagt der Produktentwickler Karim Teufel – und meint damit beim Eis extravagante Geschmackserlebnisse wie „RoteBeteHimbeerIngwerEis", das er als ambitionierter Koch gern zu Hirschrückenfilet serviert. Ebenfalls nicht nur zum Schlecken, sondern auch als Beilage zu Hauptgerichten, wurden Sorbets mit Kräutern kreiert: So passt das „MangoChiliSorbet" ausgezeichnet zu einem Seeteufel. „Die Sorbets sind sehr erfrischend und geschmacksintensiv. Wir verwenden nämlich nur frische Kräuter, beispielsweise beim „SauerkirschRosmarinSorbet". Da explodieren die Aromen geradezu am Gaumen und zum geschmacklichen Erlebnis kommt das sensorische, wenn man auf ein Stückchen Ingwer oder Rosmarin beißt."

Apfelwein zum Schlecken

Referenz der Eismacher an die hessische Apfelwein-Metropole: das „Frozen Stöffche". In Äppler-Town hat man die Wahl: manche Hessen essen zum Apfelwein Handkäse mit Musik (delikate Käsespezialität mit Essig und Zwiebeln), andere nehmen ihn genüsslich als „BioApfelweinEis" oder Sorbet zu sich. Das „Frozen Stöffche" zählt mittlerweile zu den Klassikern auf der Eiskarte von DasEis. Die Idee dazu entstand bei einer Apfelweinkostprobe bei „Matsch & Brei", der ersten hessischen Apfelweinkommune, die seit 1978 aus nichts anderem als Äpfeln von Streuobstwiesen und jeder Menge Spaß naturreine Ökoapfelweine produziert. Was lag also für die Eismänner näher, als das hessische Nationalgetränk in einem Sorbet zu verarbeiten? „Das Frozen Stöffche ist ein sehr regionales Produkt. Das können wir in München oder Hamburg kaum verkaufen. Den Leuten fehlt einfach die Verbindung und die Assoziation zum Apfelwein", sagt Karim Teufel. „Dafür läuft das gefrorene Stöffche in Frankfurt und Hessen umso besser!"

Hier gibt's was auf die Waffel

Die Waffel, aus der man das Eis genießt, ist nicht nur Bio und aus Vollkorn. Sie schmeckt auch lecker. Das Beste daran ist aber das Eis darin. Bei einem Fruchtanteil von über 80 Prozent (normal bei Speiseeis sind 25-30 Prozent) glaubt man, die Früchte oder andern Zutaten würden einem direkt in den Mund fallen. Dabei kommt das Bio-Eis ohne jegliche Farbstoffe, Aromen, künstliche Stabilisatoren, Konservierungsmittel oder industrielle Zuckerzusätze aus – das freut allergische Zeitgenossen und Weight Watcher gleichermaßen. Denn bei das DasEis. sind die Sorbets zu 100 Prozent milch- und damit lactosefrei.

Genuss ohne Chemie

Die Mutterfirma von DasEis., Healthy Planet, versteht sich als wachstumsorientiertes Unternehmen, das soziales Engagement, fairen Handel und ökologisch verträgliche Prozesse als selbstverständliche Grundlage allen Handelns begreift. Als Unternehmen versuchen sie dabei Gewinne zu erwirtschaften, die zu 100 Prozent in Research und Entwicklung neuer ökologischer Innovationen reinvestiert werden. Logisch, dass die Zutaten für DasEis. ausschließlich aus biodynamischer Landwirtschaft kommen: Milch, Sahne und Jo-

ghurt liefert die Domäne Mechthildshausen, die sozusagen um die Ecke der Eismanufaktur nachhaltig und ökologisch wirtschaftet. Die exotischen Fruchtpürees kommen möglichst klimaschonend mit dem Schiff und die Mitarbeiter gerne auch mal mit dem Fahrrad zur Arbeit. Vertrauen ist gut, Kontrolle ist besser. „Unsere Produzenten und Lieferanten werden ebenso wie wir von unabhängigen Instituten regelmäßig überprüft. Zusätzlich befragen wir unsere Lieferanten zu den Themen Transport, Energie und fairem Umgang mit den Herstellern und Bauern. Die Ergebnisse veröffentlichen wir auf unserer Webseite", erläutert Karim Teufel die Firmenphilosophie.

Der Scharfmacher

EVERT KORNMAYER
Frankfurter Apfelsenf mit Apfelwein

Am Anfang war der Senf! Den hat Evert Kornmayer nämlich bereits 1999 zunächst für die eigenen Grillpartys, bald für die ganze Nachbarschaft angerührt. Dann ging es Schlag auf Schlag: Anfang des neuen Jahrtausends wurde der studierte Verwaltungsrechtler mit Faible für gutes Essen und Genuss nicht nur Verleger für kulinarische Bücher und Zeitschriften, sondern auch Produzent von regionalen, immer handgemachten Köstlichkeiten wie der „Frankfurter Roten Sauce", dem „Frankfurter Grüne Sauce Senf" und Gewürzsalzen. Die Lust am Genuss führt Kornmayer durch die ganze Welt und treibt den bekennenden Feinschmecker zu immer neuen Genusshorizonten: So hat er einen Frankfurter Apfelsenf mit Apfelwein erfunden, der seinen Siegeszug durch die hessische Feinschmeckerszene bereits angetreten hat. Mittlerweile wird der in der Frankfurter Kleinmarkthalle ebenso verkauft wie in den Feinkostabteilungen vieler Frankfurter Institutionen wie der Kult(o)urothek, dem Hessenshop und dem Hessenkaufhaus.

Mit Raffinesse geht Evert Kornmayer an die Produktion des edlen Senfs: Zutaten wie selbst gemachten, körnigen Dijonsenf oder klassischen Tafelsenf – „der verleiht dem Produkt die typischen Senfaromen" – vermählt er mit einer ordentlichen Portion heimischer Äpfel von der Streuobstwiese und hessischem Apfelwein. Eine fruchtig-knackiges Geschmackserlebnis „ähnlich dem Feigensenf", so beschreibt er die Konsistenz und den Geschmack seiner Kreation. Dieser Senf ist als reiner Geschmacksverstärker für das Frankfurter Würstchen eigentlich viel zu schade. Zum Löffeln süß passt der aufwendig mit Äpfeln und Apfelwein gekochte und reduzierte Apfelsenf ganz wunderbar zu Blauschimmelkäse, Fisch, Geflügel und Weißwurst. Außerdem kann man damit sehr gut Saucen verfeinern. Oder er gibt sein vollmundiges Aroma an sommerliches Grillgut ab. In der Weihnachtszeit gibt es für wenige Wochen eine Variante, die wie heißer Apfelwein schmeckt und der Hit auf allen Weihnachtsmärkten in und um Frankfurt ist: der „Frankfurter Bratapfelsenf" mit Sternanis, Zimt und selbstredend Apfelwein. „Senf bleibt bei uns aber immer Senf, er soll auf dem Teller nicht die Hauptrolle spielen, vielmehr die Protagonisten wie Käse oder Fleisch harmonisch begleiten", so Kornmayers Philosophie.

Wenn der begeisterte Evert Kornmayer allwöchentlich die Senfproduktion startet, dann krempelt er die Ärmel hoch und rührt mit Helfern von Hand in großen Bottichen den Senf mit Äpfeln und Apfelwein an, der dann in schweißtreibender Handarbeit in großen Töpfen eingekocht wird. „Ein Gläschen Ebbelwoi und kulinarischer Gedankenaustausch gehören zur Produktion natürlich dazu, sonst würde es ja nur halb so viel Spaß machen", sagt der in der Region fest verwurzelte Genießer Kornmayer. „Die Wiederentdeckung des Apfelweins ist eine logische Konsequenz aus der Besinnung auf die große Vielfalt an Lebensmitteln, die uns die Heimat bietet. Das ist in der Sterneküche mittlerweile genauso angekommen wie beim Hobbykoch und der Hausfrau. Gerade in der gehobenen Küche werden traditionelle Zutaten – von der Petersilienwurzel bis zum Apfel – auf höchstem Niveau neu interpretiert. Und das freut mich."

Die Schaumschlägerinnen

ELKE SIMMEL UND KARIN HUBER, FRANKFURTER SEIFENMANUFAKTUR
Apfelweinseife

Ein olfaktorisches Potpourri betört im Lagerraum der Frankfurter Seifenmanufaktur die Sinne: Zitrone, Orange, Rosen, Erdbeere, Schokolade und Vanille sind nur einige der intensiven Düfte, die unzählige bunte Seifenbarren und -stücke verbreiten. Lokalpatriotische Schnüffler kommen auch schnell dem Apfelwein auf die Duftspur. Transparent, handlich und mit einer eigens kreierten Banderole ist die Apfelweinseife, hergestellt aus feuchtigkeitsspendendem Glyzerin, Wasser, französischem Apfelparfüm und „em Dröppsche Ebbelwoi", seit 2009 im Programm und auf Anhieb zum Bestseller avanciert.

Seifen-Oper

Die Idee für eine Seifenmanufaktur reifte 2005 bei einer gemeinsamen Reise ins Baltikum. Am Strand folgten die beiden Spürnasen dem sinnlichen Duft der Seifen, die ein junges Mädchen verkaufte. Da konnten sie einfach nicht widerstehen. Von der Qualität und den intensiven Düften begeistert, kamen die beiden Frankfurterinnen nach ihrer Rundreise zurück, kauften einige Vorräte und skizzierten bereits auf dem Rückflug nach Deutschland auf einer Serviette ihren Businessplan für einen Internetshop. Seit 2008 können unter www.die-seifenmanufaktur.de handgeschnittene Seifen, Badekugeln, Badesalze, Badetörtchen, Duschpeeling und Körperbutter individuell zusammengestellt und bestellt werden. Das schäumende Leben der innovativen Geschäftsgründerinnen kann man im Online-Seifen-BLOG hautnah verfolgen.

Natürlich natürlich!

Alle Produkte aus der Seifenmanufaktur bestehen hauptsächlich aus natürlichen Komponenten und werden in Handarbeit nach erprobten Rezepturen hergestellt, die hautpflegende Öle und aktive, pflanzliche Energien aus Blüten, Kräutern, Blättern, Kernen und Samen harmonisch vereinen. Es werden keine tierischen Erzeugnisse verarbeitet und dem Produktanhänger kann man entnehmen, welche Inhaltsstoffe die Seife enthält.

Apfelweinseife avanciert zum Bestseller

Das „Making of..." der Apfelweinseife ist einer fröhlichen Äppler-Runde zu verdanken. Nach einem anstrengenden Arbeitstag wollten die beiden Seifenexpertinnen Freunden einen Besuch abstatten. Die saßen schon gemütlich beim Apfelwein. Nach einigen Gläsern fragte einer der Freunde: „Wie wäre es denn mal mit einer Apfelweinseife?" Zunächst hätten alle herzlich gelacht, „aber die Idee hat in unseren Köpfen gearbeitet", erinnert sich Karin Huber. Kurz entschlossen machten sich die beiden schlau, ob Apfelwein sich überhaupt als Zutat für Seife eignet. Kein Problem, war die Antwort, und kurz darauf ging der erste Kanister Apfelwein aus der Heddernheimer Traditionswirtschaft Momberger auf die Reise ins Baltikum. Denn dort gibt es zwar ein dem Cidre ähnliches Getränk, „Apfelwein haben die aber noch nie gesehen oder getrunken". Vor Ort wurden verschiedene Apfelweinseifenmuster und -formen mit unterschiedlicher Beduftung, mal mehr, mal weniger Apfel, gebaut. „Wir haben uns für das Produkt entschieden, das seither bei uns zu haben ist." Bei der Kreation neuer Seifenprodukte ist es Elke Simmel und Karin Huber wichtig, dass diese optisch auch ansprechend sind. „Nach der europäischen Kosmetikverordnung müssen wir zudem alle Inhaltsstoffe auf unserem Produkt deklarieren. Deswegen haben wir für die Apfelweinseife eine Banderole entworfen, die das Nützliche mit dem Schönen verbindet, denn auf der Innenseite können wir die Ingredienzen angeben und auch etwas über Apfelwein, die Apfelweinkultur und den Frankfurter Ebbelwoi-Express, erzählen."

Gründerpreis für Elke Simmel und Karin Huber

Die innovative Idee für eine Online-Seifenmanufaktur wurde bereits im Mai 2009 mit dem Frankfurter Gründerpreis ausgezeichnet. Beim Wettbewerb um den hessischen Gründerpreis 2010 konnten sich Huber und Simmel in der Kategorie „die mutigste Gründung" wieder unter den ersten drei Siegern platzieren, weil sie ihre Geschäftsidee auf solide Füßen gestellt haben, ohne Kredite wirtschaften und kontinuierlich wachsen. Die Apfelweinseife war auch bei der Preisverleihung wieder ein Hit. Mittlerweile geben Kelterer wie Momberger, Possmann und das Frankfurter Main-ÄppelHaus die Produktion von Apfelweinseife mit ihrem eigenen Apfelwein in Auftrag.

Rezept für Apfelwein-Körperpeeling

2 EL grobes Meersalz
etwas Milch
3 EL Apfelwein

Das Salz mit Milch vermischen, bis eine streichfähige Paste entsteht. Die Haut nach dem ersten Abduschen mit der Paste eincremen und sanft mit einem Luffa-Handschuh abrubbeln. Gründlich abspülen! Das Ergebnis ist eine zarte, duftende Haut.

Der Geschichte(n)erzähler

JÖRG STIER, EMMA SCHOPPEN
Apfelwinzer und Kellermeister, Hörbuchautor und Apfelweinhistoriker

Zu allen Zeiten, in allen Kulturen findet man Erzählungen über Menschen, die trotz unüberwindlich scheinender Hindernisse ihren Weg zueinander finden. Die zauberhaft anrührende Love-Story zwischen Emma, der Tochter Karl des Großen, und ihrem Liebsten, dem Geheimschreiber Einhard, zog bereits im Mittelalter das Publikum in seinen Bann. Grund genug für den Hanauer Cartoonisten Günter Henrich und Keltermeister Jörg Stier die Geschichte dieser Liebe ganz neu zu erzählen: Eingebettet in die damaligen Geschehnisse und vervollständigt um die apfelweinhistorischen Hintergründe. Denn wie bei vielen großen Geschichten der Menschheit – es begann mit dem Apfel ...

Eine apfelhistorische Zeitreise

Lehnen Sie sich zurück, schenken Sie sich einen „Emma Schoppen" ein und lassen Sie sich in die Zeit Karls des Großen, dessen Tochter Emma und ihres Liebsten, dem kaiserlichen Geheimschreiber Einhard entführen! Im Hörbuch „Emma und Einhard" tauchen Sie ein in eine Welt der Abenteuer, Intrigen und Leidenschaft. Von prominenten Sprechern wird die Geschichte einer Liebe, die an Tragik und Spannung der von Romeo und Julia kaum nachsteht, mitreißend erzählt. Schon den Barden und Minnesängern des Mittelalters liefert diese große Liebe Gesprächsstoff. Und da sind wir auch schon wieder beim „Stöffche" und dessen Geschichte, die sich durch das Hörbuch zieht. Denn Karl der Große war ein großer Apfelweintrinker, auch wenn die Kirche zu seiner Zeit danach trachtete, den Apfelwein zu Gunsten des Weins aus Trauben aus den Kellern von Klöstern, Schlössern und Bauernhöfen zu verbannen. Um seine Untertanen besser zu ernähren, befahl der Kaiser in der „Capitulare de Villis" (800 n.Chr.), einer Schrift über die Verwaltung der Krongüter, neben Kräutern und Gemüse auch Obstbäume wie Äpfel, Birnen, Pfirsich, Pflaume, Quitte und Speierling als Kulturgewächse in die Reihe der landwirtschaftlichen Nutzpflanzen aufzunehmen. Ein hessischer Schelm, wer nun denkt, der große Herrscher und Reichreformator habe den Anbau von Apfel und Speierling auch deswegen befohlen, um den Nachschub an Apfelwein zu sichern.

Film- und Fernsehprominenz schlüpft in apfelweinhistorische Rollen

Die Idee zum Hörbuch tüftelte Isabelle Stier, Redakteurin beim Hessischen Rundfunk, gemeinsam mit dem Produzenten Michael Bunn an einem kalten Dezemberabend 2009 auf dem Frankfurter Weihnachtsmarkt aus und sie gewannen prominente Sprecher für das Projekt. Marco Schreyl (DSDS, Das Supertalent und hr-Moderator) führt mit viel Engagement und Witz durch die Geschichte(n). Mit trockenem Humor, also typisch hessisch, kommentiert der hr-Wellenchef und bekennende Apfelweintrinker Jörg Bombach das Geschehen. Frank Lehmann, vielen bekannt als der „Börsen Babbler" der ARD, übernahm die Rolle des Apfelweinliebhabers Karl des Großen. Connie Bunn ist die Emma. Sie hat eine Musicalausbildung in Frankfurt absolviert, gehört seit 1995 zur Originalbesetzung der Musical-Comedy-Produktion „Non(n)sense" und ist Mitglied des Ensembles der Märchenfestspiele in Hanau. In die Rolle des Einhard schlüpfte der Schauspieler Jochen Schropp (ZDF-Fernsehfilme wie Rosamunde Pilcher, Polizeiruf 110, Pro7-Komödie). Seit 2010 moderiert Schropp die deutsche Version von X-Factor. Den intriganten Mönch Koloman, der gleich zu Beginn der Geschichte den Apfelwein im kaiserlichen Weinkeller durch einige Tropfen Essig ungenießbar macht, übernahm Hessenschau-Reporter Sönke Hebestreit.

In der Geschichte geht es um das Wichtigste für den Hessen, den Apfelwein!
(Söhnke Hebestreit)

Apfelwein und die Geschichten drum herum sind die Passion von Jörg Stier

Der Maintaler Apfelwein-Experte kelterte das „Stöffche" mit Raffinesse und in mittlerweile 40 Sorten. „So um die 200.000 Liter pro Jahr, also knapp über dem Eigenbedarf", wie er spitzbübisch erzählt. Seit 20 Jahren bietet Jörg Stier auch Apfelweinseminare für Selbstkelterer an und leitet als Dozent entsprechende Kurse an Volkshochschulen. Stier moderiert Apfelweinabende oder begleitet mit seinen Erzählungen Streuobstwiesenwanderungen. Sehr zur Freude seines Fanclubs. Denn der Apfelwinzer ist zugleich ein hervorragender Entertainer, der seine Geschichten rund um den Apfelwein dem Publikum mit hintergründiger Ironie und viel Fantasie kredenzt. Und es passiert schon mal, dass er zu einer seiner Geschichten einen speziellen Apfelwein erfindet. So passt zum sinnlichen, roséfarbenen „Emma Schoppen" mit anregender, süßer Frische die zauberhafte Geschichte der Liebe, „die sich womöglich ganz genau so zutrug", wie der Autor und Keltermeister schmunzelnd zu dem Hörbuch „Emma & Einhard" zu Protokoll gibt. Das Hörbuch ist im Handel erhältlich.

Eine wunderschöne Liebesgeschichte, so wie man sie im 21. Jahrhundert nicht mehr erleben wird. Schon gar nicht zwischen Menschen, die Namen wie Emma und Einhard tragen! (Marco Schreyl)

Geheimnis des Geschmacks

Für die Harmonie des Geschmacks sorgen beim Apfelwein wie beim Wein aus Trauben die verwendeten Grundprodukte und die Arbeit des Winzers im Keller. Nicht alle Äpfel eigenen sich für die Herstellung von Apfelwein. Ein ausgewogenes Verhältnis von ausreichendem Säuregehalt und Süße in Form von Fruchtzucker müssen sie haben, sie sollten die Nährstoffe und Mineralien ihres Standortes aufgenommen haben und am Baum ausgereift sein, damit sich die Vielfalt ihrer Aromen entwickeln kann. Erst dann sind Äpfel reif für Kelter und Keller. Streuobstwiesen mit ihrem alten Bestand an Apfelbäumen und einer unglaublichen Sortenvielfalt liefern den besten Rohstoff. Die Kunst des Kellermeisters ist es, die Charakteristik des Terroirs und die individuellen Apfelaromen entweder in einer Cuvée geschickt miteinander zu vermählen oder Aromen, Säurespiel und Mineralität bei einem sortenreinen Apfelwein zu pointieren.

Message in der Bottle – Das Terroir des Apfelweins

Über kaum einen Begriff der Weinsprache wird so kontrovers diskutiert, wie über den des „Terroir". Die Apfelwinzer haben sich von ihren Kollegen, den Traubenwinzern, inspirieren lassen, und immer mehr von ihnen verstehen es, das Terroir ihrer Streuobstwiese auf die Flasche zu ziehen. Apfelweinsommelier Michael Stöckl erklärt die Bedeutung des Terroirs für den Apfelwein 2.0.

Der französische Begriff „Terroir" bezeichnet das Zusammenspiel der angepflanzten Reben mit den geografischen, geologischen und meteorologischen Bedingungen einer bestimmten Lage. Das Terroir hat wesentlichen Einfluss auf den Charakter und die Qualität – auch des Weins aus Äpfeln. Erst durch das optimale Zusammenspiel dieser Faktoren können einzigartige Apfelweine und Apfelschaumweine kreiert werden, die typisch für die Landschaft sind, in der sie entstehen.

Sagen Sie mal, Herr Stöckl, gibt es auch beim Apfelwein ein Terroir?
Selbstverständlich. Die klimatischen Bedingungen wie die Höhe der jährlichen Niederschläge, die für eine Gegend typischen Windverhältnisse, die durchschnittliche Sonnenscheindauer, die durchschnittliche Temperatur, darüber hinaus auch die Topografie einer Gegend, die Höhenlage, die Böden, deren Wärmespeicherkapazität und Nährstoffgehalt sowie die chemische und geologische Zusammensetzung – dies sind die Faktoren, die meiner Meinung nach gemeinsam in einer ganzheitlichen Betrachtungsweise den Begriff des „Terroir" ausmachen.

Vergleicht man bei der Verwendung des Begriffs Terroir nicht Trauben mit Äpfeln?
Nicht alle Böden und Klimazonen sind für Apfelbäume geschaffen. Darüber hinaus entscheidet die richtige Auswahl der Apfelsorten für den Anbau auf einer bestimmten Streuobstwiese über die Quantität und Qualität der späteren Apfelernten. So haben sich über Jahrhunderte verschiedene Sorten in den einzelnen Apfelweinregionen als besonders brauchbar erwiesen und werden bis heute kultiviert. Die Mineralität der Böden wirkt sich ebenfalls auf den Geschmack der Früchte und des daraus gekelterten Apfelweins aus. Ein weiteres typisches Merkmal des Terroirs sind die Hefen, die aus einer Streuobstwiese stammen. Werden die Säfte damit spontan vergoren, bekommen sie einen anderen Charakter als Apfelweine der gleichen Streuobstwiese, die mit Reinzuchthefen hergestellt werden. Und das ist beim Traubenwein ganz ähnlich.

Kann man das Terroir auch als Laie schmecken?
Sicher kann man die Unterschiede auch beim Wein aus Äpfeln schmecken. Ein Viez aus dem Saarland hat eine andere Charakteristik als Most aus Franken oder typisch hessischer Apfelwein. Nur wird es dem Laien nicht leicht fallen, sie zu beschreiben. Wichtig ist für mich eigentlich nur ein Geschmacksmerkmal: Apfelwein muss einfach gut schmecken!

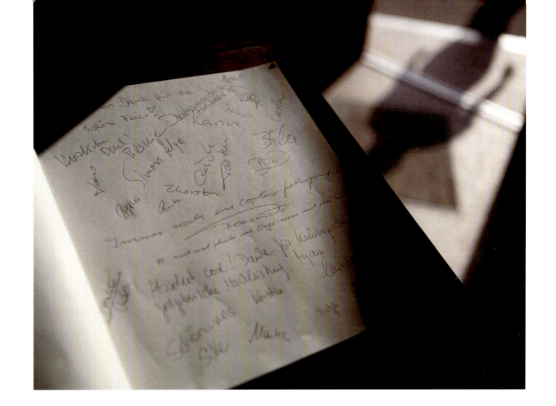

LIEBER GOTT, GIB MIR DIE KRAFT, MICH TÄGLICH DEM GEWÖHNLICHEN ZU WIDERSETZEN!

Der Apfelwein-Aficionado

MICHAEL STÖCKL, APFELWEINBISTRORANT LANDSTEINER MÜHLE
Erster Apfelweinsommelier Deutschlands

Michael Stöckl ist von Kindesbeinen an vom „Apfelvirus" infiziert. Die Mama stammt aus der alten Kronberger Apfelweinwirte-Dynastie Weidmann. Die Familie besitzt noch heute Streuobstwiesen rund um das Taunusstädtchen. Auch die Familie des Vaters, eines waschechten „Tiroler Buam", hat schon Trauben und Äpfel angebaut. Nach seiner Ausbildung zum Restaurantfachmann in der traditionsreichen „Scheuer" in Hofheim am Taunus verfeinerte Stöckl sein gastronomisches Know-how im Schlosshotel Kronberg, volontierte im Weinkeller des württembergischen Weinguts Dr. Baumann, arbeitete als stellvertretender Restaurantleiter im Restaurant „Schwarzer Hahn" im Deidesheimer Hof und machte seinen Betriebswirt an der Hotelfachschule in Heidelberg. 1998 übernimmt er den elterlichen Betrieb, absolviert parallel die Deutsche Wein- & Sommelierschule in Koblenz.

Apfelwein 2.0

Stöckls Leidenschaft ist und bleibt der Apfelwein, den er seit 2005 auf der „Landsteiner Mühle" ausbaut und bei Reisen durch die ganze Welt sammelt. „Egal ob Geschäftsreise oder Familienurlaub, ich bemühe mich bei allen Reisen neue Apfelweinregionen zu entdecken, die Produkte und die Menschen dahinter kennenzulernen. Wer ist hier der Grand-Cru-Macher, wer der Schoppenproduzent? Immer und überall treffe ich auf Querdenker und Entrepreneure der Apfelweinszene, von denen ich lernen kann. Lernen. Nicht kopieren." So auch bei einer gemeinsamen Apfelweinreise 2007 mit Freund und Kollege Andreas Schneider nach Kanada. Auch dort wird das „Stöffche", das Hessen und besonders die Frankfurter gerne als Nationalgetränk für sich reklamieren, auf höchstem Niveau produziert und in Designerambiente präsentiert. Stöckl besuchte Edel-Apfelgüter in Quebec wie „La Face Cachée de la Pomme", wo experimentierfreudige Apfelwinzer um François Pouliot, dem ehemaligen Videoclip-Producer von Celine Dion, inspiriert von den harten Wintern und den Apfelbäumen auf dem neu erworbenen Terroir die ersten „Iceciders" herstellten. „Die Location mit Verkaufs- und Verkostungsräumen, in denen die Vision vom Apfelweinterroir des 21. Jahrhunderts in Stahl, Holz und Glas Gestalt annimmt, muss man gesehen haben! Dann weiß man, wohin die Reise für Premiumapfelweine geht", schwärmt er. Um in Hessen im besten Sinne konspirative Impulse für den Imagewechsel des Apfelweins zu setzen, gründete er 2005 mit sechs anderen hessischen Wirtshauskelterern die Interessengemeinschaft und Qualitätsmarke „Hessische Wirtshauskelter".

Geschmacksschule

In der Fachpresse wird Michael Stöckl schon lange als der erste Apfelweinsommelier Deutschlands bezeichnet. In seinem Apfelweinkeller lagern mehr als 50 verschiedene Apfelweine und Apfelschaumweine. Um diese fachmännisch beurteilen zu können, bedarf es wie beim Traubenwein einer geschulten Sensorik, die man sich nur durch permanentes Geschmackstraining erwirbt und erhält. „Die Verkostungstechniken bei Trauben- und Apfelwein sind dieselben: In passenden Gläsern, zum Beispiel Weißweinkelchen, kann man Farbe, Geruch, Aromen und auch das Terroir sensorisch abrufen." Für den guten Geschmack und den Imagewandel des Apfelweins schlachtet Stöckl auch heilige Kühe. Eine davon: Seiner Meinung nach ist die Verkostung von Apfelwein im traditionellen Frankfurter „Gerippten", einem sich nach oben öffnenden, dickwandigen Glas, nicht möglich. Erst im sich nach oben hin verjüngenden Weißweinkelch, der die vielen Aromen eines guten Streuobstwiesenchampagners bündelt und bewahrt, trenne sich die Spreu vom Weizen. „Beispielsweise treten Fehltöne in einem Weinglas eher in den Vordergrund als im Gerippten." Dem traditionellen Frankfurter Glas spricht Stöckl aber nicht die Existenzberechtigung ab, darin könne man wunderbar erfrischende „Zechschoppen" in der Gartenwirtschaft genießen.

Apfelweinerlebniswelt in der Landsteiner Mühle

In sein „ApfelWeinBistrorant Landsteiner Mühle" kommen die Gäste mittlerweile überwiegend wegen der

Apfelweinerlebniswelt, die hier geschaffen wurde. Zur regional inspirierten Küche, die hessische mit österreichischen und französischen Komponenten akzentuiert, jedoch immer mit saisonalen Produkten aus der Heimat arbeitet, werden die korrespondierenden Apfelweine aus dem gut sortierten Apfelweinkeller serviert. Fachmännische Beschreibung und Präsentation inklusive. Als Apfelweinsommelier verzichtet Michael Stöckl dabei auf spitzfindige Formulierungen, wie sie seine Kollegen beim Traubenwein gern kreieren. „Mir geht es darum, zu beschreiben. Schmeckt fruchtig wie frisch gekelterter Apfelsaft mit Pfirsicharomen oder maskulin, kräftiger Hausschoppen aus dem Holzfass, das reicht! Da kann der Konsument die Qualitäten des Apfelweins wirklich nachempfinden, auch wenn ich noch 20 andere Aromen im Apfelwein riechen und schmecken kann." Seit 2009 bietet er gemeinsam mit Andreas Schneider unter dem Dach der extra dafür gegründeten Agentur „Apfelwein weltweit" Tastings und Sensorik-Seminare mit Apfelweinen aus aller Welt an, dazu gehören auch exotische Produkte aus Russland, Japan oder Finnland.

Landläufig glaubt man noch immer, dass man Trauben- und Apfelwein qualitativ nicht miteinander vergleichen kann. Was meinen Sie?

Trauben- und Apfelwein sind zwei unterschiedliche Getränkearten, die man zwar miteinander vergleichen kann, die aber außer der Kellertechnik nicht viel gemeinsam haben. Wichtig ist die Tatsache, dass es sowohl bei dem Wein aus Trauben wie aus Äpfeln großartige Crus, köstliche Qualitäten bestimmter Herkunft und natürlich auch die billige Massenware gibt. Die „Grands Crus" des Apfelweins sind vielen noch nicht über die Zunge gelaufen, aber sie sind auf dem Vormarsch. Das bestätigt die stark sinkende Nachfrage nach Markenapfelweinen zugunsten von einzigartigen Manufakturapfelweinen.

Was macht einen Premium-Apfel(schaum)wein aus?

Das ist ein einfaches Rezept: Der Grundwein muss von allerbester Güte sein, denn alle Aromen, auch die schlechten, werden durch die „Versektung" sensorisch stärker schmeckbar. Darüber hinaus muss das Verhältnis von Restzucker und Säure so gewählt werden, dass der Schaumwein elegant spritzig und saftig schmeckt, ohne eindimensional oder plump zu wirken. Die besten Apfelschaumweine lagern sehr lange auf der Hefe, um ein cremiges Mousseux zu bekommen.

Findet der Apfelwein seinen Weg in die Spitzengastronomie bzw. kann er sich dort gegen Traubenwein behaupten?

Apfelwein hat einige Chancen in der Gastronomie Fuß zu fassen. Zum einen verlangen die Konsumenten immer stärker nach alkoholreduzierten Getränken. Da ist der Apfelwein eine echte Alternative, da er meist nur halb so viel Alkohol wie Traubenwein hat. Die mittlerweile große Anzahl exquisiter Apfelweine muss den Gastronomen allerdings noch nähergebracht werden. Die Produzenten stehen hier vor der großen Aufgabe, enorme Aufklärungsarbeit zu leisten. Apfelweinmessen und -Präsentationen wie „Apfelwein im Römer" helfen, den Weg in die gehobene Gastronomie zu ebnen. Ich glaube, die Szene ist auf einem guten Weg.

Die Aromen des Apfelweins

Jede Apfelsorte hat ihr eigenes Aroma, ihre eigene Typizität. Diese ist aber im Vergleich zum Wein aus Trauben sehr filigran. Nur in einem professionell gekelterten Apfelwein bleibt der sortentypische Geschmack erhalten.

> » DIE VERKOSTUNGSTECHNIKEN BEI TRAUBEN- UND APFELWEIN SIND DIESELBEN: IN PASSENDEN GLÄSERN KANN MAN FARBE, GERUCH, AROMEN UND AUCH DAS TERROIR SENSORISCH ABRUFEN. «

Der Duft der Äpfel

Apfelwein kann klar sein oder naturtrüb. Seine Farben changieren von Hell- bis Zitronengelb mit grünlichen Reflexen bis sattem Strohgelb. Er kann nach frisch gepresstem Apfelsaft, blumig oder nach exotischen Früchten riechen. Hefetöne, die beim Apfelschaumwein erwünscht sind, sollte der Apfelwein ebenso wenig haben wie eine Essignote oder einen Sauerkrautton. Und flach sollte er schon gar nicht schmecken. Geht die Farbe des Apfelweins ins Bräunliche, dann ist Vorsicht geboten. Denn der bräunliche Ton ist ein Zeichen von Überalterung. Apfelwein soll – bis auf einige Ausnahmen – jung getrunken werden. Der Duft kündigt den Geschmack an: Das sortentypische Aroma der Goldparmäne ist zum Beispiel nussig, exotische Aromen wie Ananas zeichnen die Ananasrenette aus und frische grüne Apfelaromen den Boskoop. „Es ist das Schönste, wenn man den Geschmack des Apfels am Baum kennt, zum Beispiel der vollreifen Goldparmäne, und diesen Geschmack im Wein von diesem Apfel wiederfindet", meint Apfelweinsommelier Michael Stöckl. „Dann weiß man, dass es dem Winzer gelungen ist, die Sortentypizität bei der Arbeit im Keller zu erhalten."

Das Terroir prägt den Geschmack

Erdig oder mineralisch, lehmig oder Granit – nicht nur der Rohstoff Apfel, auch das Terroir bringt seinen Geschmack in den Wein. Die Äpfel einer Sorte, zum selben Zeitpunkt geerntet und unter den selben Kelter- und Kellerbedingungen verarbeitet, schmecken nicht identisch, wenn die Bäume auf unterschiedlichen Böden stehen. Schlussendlich entscheidet der Kellermeister, wie er den Apfelwein ausbauen will: den Sortencharakter erhaltend oder nach seiner persönlichen Stilistik, indem er den Apfelwein beispielsweise im Barrique reifen lässt.

Dreiklang

Wie beim Traubenwein können im Apfelwein Primär-, Sekundär- und Tertiäraromen wahrgenommen werden. **Primäraromen** sind die bereits besprochenen, die aus dem Apfel stammen. Die **Sekundäraromatik** entsteht durch die Herstellung, zum Beispiel bringt zu starkes Pressen der Maische mit Kernen und Stilen einen Bittermandelton, durch die Lagerung im Eichenfass kommt eine Eichenholzaromatik und der gezielte Einsatz von Hefen kann für den Duft von frisch gebackenen Brioches sorgen. Ein Sherryton entsteht durch den oxidativen Ausbau, also durch einen kontrollierten Sauerstoffkontakt. Die **Tertiäraromatik** entsteht durch die Alterung. Säure wird abgebaut, Fruchtaromen verfliegen – entweder ist die Alterung vom Kellermeister gewollt oder er hat im ungünstigeren Fall sein Fässchen einfach im Keller vergessen. Dann kann er sich immer noch überlegen, ob er den alten Apfelwein zu Apfelbalsamessig ausbauen will.

Kulinarische Dreamteams

Wenn ein Apfelwein mit einem Gericht harmoniert, dann ist dies ein kulinarisches Gesamterlebnis. Der Apfelwein sollte die jeweilige Speise nicht dominieren und selbst von der Speise nicht übertönt werden. Bei der geschickten Kombination können beide Partner auch jeweils neue, unerwartete Geschmacksnuancen offenbaren. Letztlich bestimmt aber immer der individuelle Geschmack die Strategie bei der Auswahl des Apfelweins.

Welcher Apfelwein passt zu welchen Speisen?

Der vielfältige Apfelwein-Fundus bietet wunderbare Alternativen zu Riesling, Barolo & Co. Der Stil und die Aromen eines Apfelweins und der Eigengeschmack von Speisen rufen am Gaumen eine Wechselwirkung hervor. Hat man gerade etwas Süßes gegessen und dann einen säurebetonten, trockenen Apfelwein getrunken, tritt die Säure noch deutlicher hervor. Paare der Harmonie hingegen sind: Mousse au Chocolat und ein konzentrierter Ice Cider, deftiger Handkäs´ mit Musik und ein spritziger, über die Zunge flitzender Hausschoppen von der Streuobstwiese. Die Frage bei der Auswahl ist immer, soll der Wein die Speisen unterstreichen oder soll bewusst ein Kontrapunkt gesetzt werden? So kombinieren Sie richtig:

Im Allgemeinen trinkt man zum Essen trockene Apfelweine. Sie wirken appetitanregend und unterstützen den Eigengeschmack der Speisen.

Die Apfelwein- und Speisenfolge soll in Aroma und Fülle eine Steigerung erfahren.

Zu leichten Speisen wie einem Forellentatar passen leichte, filigrane Apfelweine wie ein sortenreiner vom Kaiser Wilhelm oder Boskoop, die mit spritzig-frischer Säure und grünen, frischen Apfelaromen die leichte Fischkreation untermalen. Ein gerbstoffreicher Apfelwein wie vom Bittenfelder Apfel würde das zarte Aroma im Essen erdrücken.

Je kräftiger die Speise, desto kräftiger darf der Apfelwein dazu sein. Zu einer würzig-pikanten Terrine passt ein gehaltvoller „Cidre de Glace" mit karamelligen Aromen. Mit kräftigen Fleischgerichten wie Schweins- oder Rinderbraten können nur gerbstoffreiche Apfelweine vom Bohnapfel oder Bittenfelder mithalten, der den kräftigen, fleischigen Geschmack mit seiner Gerbsäure betont.

Apfelweine mit hoher oder konzentrierter Restsüße, Eisapfelweine oder Apfelsherrys sind in der Regel die passenden Begleiter für süße Desserts. Auch ein halbtrockener Apfelsherry könnte neben der wuchtigen Schokoladencreme eine gute Figur machen. Zu fruchtigen Desserts wie Joghurtmousse mit Obst hingegen sollte es ein trockener Apfelschaumwein sein. Wer sich zum Dessert an wagemutige Kreationen wie Handkäs´-Espuma mit altem Apfelbalsamessig traut, der ist mit einem Eisapfelwein als Begleiter gut beraten. Die Süße des Eisapfels puffert die Schärfe des Handkäses ab, der Karamellton unterstreicht die Charakteristik des Apfelbalsamico.

Käse und Apfelwein können eine harmonische geschmackliche Liaison eingehen, wenn man zu Käse gehaltvolle, aber nicht zu säurebetone Apfelweine kredenzt. Zu einem feinstrukturierten Apfel-Birnen-Wein wie von der Gewürzluiken und Oberösterreicher Weinbirne sollte man einen milden Käse wie einen jungen Camembert reichen. Je süßer und alkoholreicher der Apfelwein ist, desto intensiver muss der Käse sein. Der kräftige Quitten-Cidre von most of apples kann aber auch den Geschmack von Käse, beispielsweise eines würzigen Roqueforts verstärken.

Wein vom Apfel professionell degustieren

Weinproben gibt es zuhauf. Alle finden sie ein interessiertes Publikum. Der Wein aus Äpfeln kann genauso verkostet und beschrieben werden wie Wein aus Trauben. Verschiedene Apfelweine – am besten unter professioneller Anleitung – in kleinen Schlucken trinken und dabei feststellen, wie unterschiedlich sie riechen, schmecken, nachhallen, ist ein großer Spaß.

Das richtige Glas: Die Frage nach dem richtigen Apfelweinglas erhitzt die Gemüter der Apfelweingemeinde, denn die Form des Glases hat einen entscheidenden Einfluss auf die Entfaltung der Aromen und die Geschmacksentwicklung. Der traditionelle Hesse schwört auf das „Gerippte", der Saarländer auf den „Viezporz", in Asturien gehört das becherförmige, dünnwandige Glas zur Sidrakultur. Apfelweinsommelier Michael Stöckl empfiehlt, Apfelwein in Weinkelchen zu degustieren. Denn in tulpenförmigen, kristallklaren Gläsern, welche sich nach oben verjüngen, konzentrieren sich die Aromen, sodass sie besser wahrzunehmen sind. Das Glas sollte etwa mit 5 cl Wein vom Apfel gefüllt werden (etwa zu einem Fünftel bis einem Viertel je nach Glasgröße), damit man die Farbe deutlich erkennen kann und die Möglichkeit hat, intensiv in das Glas hineinzuriechen.

Das Auge trinkt mit: Das Glas wird am Sockel oder Stiel angefasst, damit es keine Fingerabdrücke bekommt und die Sicht auf den Inhalt ungetrübt bleibt. Profis betrachten den Inhalt vor einem weißen Hintergrund (Blatt Papier oder weiße Tischdecke). Strahlende Farben versprechen Qualität und Genuss.

Den Wein schwenken und atmen lassen: Den Apfelwein im Glas kreisen lassen, davon bekommt er eine intensive Sauerstoffdusche, welche seine flüchtigen Aromen freisetzt.

Die Nase prüft das Parfüm des Apfelweins: Im Wechsel von Schwenken und Riechen entsteht das Geruchsbild des Weins aus Äpfeln. Gute Apfelweine warten mit reichhaltigen Geruchsnuancen auf. Die Noten reichen von frischem Grün bis zu exotischen Früchten, von nussig bis karamellig und vieles mehr.

Festival der Sinne: Der erste Schluck kann zu einem Festival für die Sinne geraten. Zu den Düften gesellen sich jetzt Säuren, Zucker, Minerale. Wer etwa das nussige Aroma der Goldparmäne erschnüffelt hat, kann unmittelbar überprüfen, ob der sortenreine Apfelwein auch danach schmeckt.

Apfelwein kauen: Das hörbare Verteilen des Apfelweins im gesamten Mund heißt wie bei der Traubenweinprobe „kauen". Sauer, salzig, süß und bitter – das sind die vier Geschmacksmomente, die der Mensch über die Zunge unterscheidet. Dort befinden sich verschiedene Geschmacksfelder, die für die vier Geschmacksqualitäten unterschiedlich sensibel sind. Die Wahrnehmung „süß" konzentriert sich an der Zungenspitze, „sauer" an den seitlichen Rändern der Zungenmitte. Die Empfindung „salzig" erstreckt sich auf den gesamten Zungenrand. An der Zungenbasis befindet sich die ausgeprägte Empfindlichkeit für „bitter". Über die Nase hingegen können bis zu 4.000 Düfte wahrgenommen werden. Geschulte Sommeliers und Parfümeure können bis zu 10.000 Duftnuancen „schnuppern". Somit ist das menschliche Geruchsorgan dem Gaumen um die sprichwörtliche Nasenlänge voraus. Beim Apfelwein bilden Zucker und Alkohol die Süße. Das Verhältnis von Süße und Säure ist entscheidend für die Qualität. Fehlt Säure, schmeckt der Wein vom Apfel fad. Wer das Gesamtbild erleben möchte, sollte eine kleine Menge Apfelwein schlucken. Der „Abgang" (Nachhall am hinteren Gaumen, den jeder Apfelwein nach dem Schlucken hinterlässt) sagt viel aus über die Qualität aus. Hat ein Wein keinen Abgang, hinterlässt er keinen Eindruck am Gaumen, spricht das nicht für die Qualität des verkosteten Apfelweins.

Tipp: Um die Geschmacksnerven zwischen den verschieden Proben zu neutralisieren, sollte stilles Mineralwasser und Brot bereitstehen.

Apfelwein in der Spitzengastronomie

Der Wein aus Äpfeln greift an: Grand Crus vom Wildling auf Lös oder der Roten Sternrenette, mit önologischem Know-how produziert, Lagen- und Produktbeschreibungen wie beim Wein aus Trauben, Apfelwein aus Designerflaschen in edlen Gläsern ausgeschenkt, Flaschenpreise im zweistelligen Bereich – der moderne Streuobstwiesenchampagner hat sich als Premiumprodukt neu erfunden und gewinnt immer mehr Beachtung in Gourmetkreisen. Deutschlands Spitzenköche verkosten ihn beim „Festival der Meisterköche" auf Schloss Bensberg, junge Sterneköche kreieren Gourmetmenüs mit korrespondierender Apfel(schaum)wein-Begleitung und in Vinotheken hat sich Apfelwein in allen seinen Spielarten ebenfalls seinen Platz gesichert.

Seit 2008 leitet **Michael Kammermeier** als Nachfolger von Gerd M. Eis die Küche im Wiesbadener Sternerestaurant „Ente", die seither einen kulinarischen Höhenflug erlebt – ohne viel Geschnatter. Koch wollte der gebürtige Allgäuer schon immer werden. Wurde doch bereits im Elternhaus, der Vater ist Metzger, die Mutter Gärtnerin, immer aus frischen Zutaten gut gekocht. Seine Karriere startete er allerdings als Auszubildender im Hotelfach, wechselte aber schon nach zwei Wochen von der Rezeption in die Küche. Nach der Lehre ging Michael Kammermeier getreu seinem Motto „Geh nie einen Schritt zurück, höchstens um Anlauf zu nehmen" gleich in die Küche des 2-Sterne-Kochs Heinz Winkler nach Aschau. „Von dort war es ein großer Schritt für mich, als ich zu Stefan Marquard wechselte. Nicht wegen der Küche. Die unterschiedlichen Führungsstile waren die große Umstellung für mich. Bei Marquard musste jeder an seinem Platz in der Küche selbst kreativ werden. Aber die Musik war dort viel besser", fügt er augenzwinkernd hinzu.

Musik in der Küche ist für den jungen Wilden, der gern einmal für Hollywoodstar Johnny Depp kochen würde, unbedingt nötig, „um die Drehzahl zu erhöhen". Solides Handwerk und Kreativität, das sind für ihn beim Kochen die wichtigsten Komponenten. „Es kommt nicht darauf an, irgendwelche exklusiven Produkte zu verarbeiten, vielmehr, dass man aus nachhaltig, gern in der Region erzeugten Lebensmitteln, mit Liebe, Spaß und guten Ideen anspruchsvolle Gerichte zaubern kann." Dabei liegt ihm der respektvolle Umgang mit Menschen, Tieren und Lebensmitteln am Herzen, ebenso wie „die Wiedereinführung des Sonntagsbratens".

Für die Jahrgangspräsentation „Apfelwein im Römer 2010" hat Michael Kammermeier ein exklusives Apfelwein-Gourmetmenü komponiert.

HANDKÄSESCHAUM MIT PERLZWIEBELN, ROSINEN UND APFELESSIG

Ergibt ca. 20 Portionen

3 Blatt Gelatine   260 ml heller Geflügelfond   150 ml Sahne
35 ml Traubenkernöl   150 g Handkäse   300 ml Apfelessig Klassik, Manufaktur Gölles, Österreich   20 Perlzwiebeln   2 EL Rosinen
200 g getrocknetes Kümmel-Malz-Brot   ½ Bund Schnittlauch
Salz, frisch gemahlener Pfeffer

Die Gelatine einweichen, währenddessen den Geflügelfond mit der Sahne in einem kleinen Topf aufkochen. Die eingeweichte Gelatine, das Öl und den Handkäse einrühren, einmal aufmixen und durch ein feines Sieb passieren. Mit Salz und Pfeffer abschmecken und in eine Isi-Flasche füllen. Zwei Patronen eindrehen und für 2 Stunden kalt stellen.

In kleine Gläser jeweils 1 Esslöffel Apfelessig geben. Die Perlzwiebeln in feine Streifen schneiden, die Rosinen fein hacken und zu dem Apfelessig geben. Ein paar Perlzwiebelstreifen als Garnitur für den Schaum beiseitelegen. Mit dem Handkäseschaum auffüllen, das Kümmel-Malz-Brot ebenfalls fein hacken und auf den Schaum streuen. Mit fein geschnittenen Schnittlauch und den restlichen Perlzwiebelstreifen ausgarnieren.

Michael Kammermeier empfiehlt dazu den „2004 Cidre de Glace Reserve" der Domaine Leduc, Piedimonte, Québec.

HIRSCHRÜCKEN MIT APFEL-BLUTWURST-KAISERSCHMARRN UND SPITZKOHL

Für 4 Personen

Apfel-Blutwurst-Kaiserschmarrn
80 g Mehl · 125 ml Milch · 2 Eier · 30 g Butter ·
1 Msp. Quatre épices (französische Gewürzmischung) oder Wildgewürz ·
1 Schalotte · 1 Apfel (Boskoop) · 100 g Blutwurst · Rapsöl

Hirschrücken
700 g Hirschrücken · Rapsöl · 1 Rosmarinzweig ·
Salz, frisch gemahlener Pfeffer

Spitzkohl
1 kleiner Kopf Spitzkohl · 1 Schalotte · 50 g Butter ·
3 glatte Petersilienzweige · Zucker, Salz, Pfeffer

Anrichten
200 ml Wildsauce · 10 g kalte Butterwürfel · 20 ml Apfelbalsamessig, Apfelgut Zimmermann · Salz, frisch gemahlener Pfeffer

Apfel-Blutwurst-Kaiserschmarrn Mehl und Milch miteinander glatt rühren. Die Eier trennen, das Eiweiß mit 1 Prise Salz zu Schnee schlagen und die Butter in einer kleinen Pfanne zerlassen. Eigelb und Butter in die Mehl-Milch-Mischung rühren, anschließend das geschlagene Eiweiß unterheben. Mit wenig Salz und einer Messerspitze Quatre épices abschmecken.

Den Backofen auf 160 °C vorheizen. Die Schalotte und den Apfel schälen und würfeln, die Blutwurst ebenfalls in feine Würfel schneiden. In einer beschichteten Pfanne etwas Öl erhitzen und Schalotten-, Blutwurst- und Apfelwürfel darin anschwitzen. Mit dem Teig bedecken und 5–10 Minuten im Ofen backen, bis der Teig gestockt ist.

Hirschrücken Den Backofen auf 160 °C vorheizen. Das Fleisch mit Salz und Pfeffer würzen und in einer Pfanne in etwas Rapsöl rundum scharf anbraten. Auf ein Rost mit Fettauffangschale legen und im Backofen etwa 15 Minuten garen. Den Hirschrücken dann 5 Minuten bei geöffnetem Ofen ruhen lassen. Die Butter in der Pfanne aufschäumen, den Rosmarinzweig und 1 kleine Prise Quatre épices zugeben und das Fleisch darin kurz nachbraten.

Spitzkohl Den Spitzkohl halbieren, den Strunk entfernen und in grobe Stücke schneiden. In ausreichend Salzwasser bissfest blanchieren und anschließend sofort in kaltem Wasser abschrecken.

Die Schalotte schälen, fein würfeln und in einer Pfanne in etwas Butter anschwitzen. Den Spitzkohl hinzufügen, mit Salz, Pfeffer und 1 Prise Zucker abschmecken. Zuletzt die Petersilie waschen, trocken schütteln, fein schneiden und unterheben.

Anrichten Die Wildsauce in einem kleinen Topf einmal aufkochen, etwas kalte Butter einrühren und mit Salz und Pfeffer abschmecken. Den Spitzkohl auf der Tellermitte anrichten. Den Hirschrücken in vier gleichmäßige Stücke schneiden und daraufsetzen. Den Kaiserschmarrn in der Pfanne zerpflücken und auf die Teller verteilen. Mit etwas Apfelbalsamessig und Wildsauce beträufelt serviert.

Michael Kammermeier empfiehlt dazu den „2003 Sydre Argelette" von Eric Bordelet, Normandie, oder den „2008 Cidre Reserve" der Domaine Dupont, Normandie.

GERÄUCHERTER BACHSAIBLING MIT APFEL-MEERRETTICH-CREME UND BELUGALINSEN

Für 4 Personen

Apfel-Meerrettich-Creme
100 g Crème fraîche   2 EL Sahnemeerrettich   1 Apfel (Elstar)
1 Spritzer Zitronensaft   Salz, frisch gemahlener Pfeffer

Belugalinsen
50 g Belugalinsen   150 ml Geflügelfond   1 EL Bio-Apfelessig, Fandler, Österreich   1 EL Traubenkernöl   Salz, frisch gemahlener Pfeffer

Apfel-Sellerie-Salat
1 Apfel (Cox Orange)   1 Stange Staudensellerie   1 EL Bio-Apfelessig, Fandler, Österreich   1 EL Traubenkernöl   feines Meersalz, Zucker

Kleine Kartoffelchips
1 mehligkochende Kartoffel   500 ml Sonnenblumenöl

Geräucherter Bachsaibling
2 große Bachsaiblingsfilets à 150 g   50 g Räuchermehl
1 Wacholderzweig   1 EL Traubenkernöl   feines Meersalz

Anrichten
¼ Bund Kerbel   20 g frischer Meerrettich

Apfel-Meerrettich-Creme Die Crème fraîche aufschlagen und mit der Meerrettichcreme verrühren. Den Apfel schälen, fein reiben und unter die Creme heben. Mit Zitronensaft, Salz und Pfeffer abschmecken und für 30 Minuten kühl stellen.

Belugalinsen Die Linsen mit dem Geflügelfond in einem Topf weich kochen. Linsen abgießen und mit Apfelessig, Traubenkernöl, Salz und Pfeffer abschmecken.

Apfel-Sellerie-Salat Apfel schälen und in kleine Würfel schneiden, Staudensellerie ebenfalls würfeln. Mit Apfelessig, Traubenkernöl, Salz und etwas Zucker abschmecken und durchziehen lassen.

Kleine Kartoffelchips Kartoffel auf einer Küchenreibe in hauchdünne Scheiben schneiden, kleine Ringe ausstechen und in 160 °C heißen Öl frittieren.

Geräucherter Bachsaibling Die Saiblingsfilets in vier Portionen teilen. Räuchermehl und Wacholderzweig in einem Dampfeinsatz trocken erhitzen. Das Lochgitter mit etwas Öl bestreichen damit der Fisch nicht anklebt. Die Saiblingsfilets auf das Lochgitter legen, mit Meersalz würzen und bei geschlossenem Deckel ca. 5 Minuten räuchern, bis sie glasig sind.

Anrichten Die Apfel-Meerrettich-Creme auf den Teller streichen und das frisch geräucherte Bachsaiblingsfilet daraufsetzen. Den Kerbel waschen, fein hacken und unter den Apfel-Sellerie-Salat mischen. Salat und die Belugalinsen auf dem Teller verteilen und mit Kartoffelchips und frisch geriebenem Meerrettich ausgarnieren.

Michael Kammermeier empfiehlt dazu den „2008 Apfelwein von der Aue" von Michael Stöckl, Weilrod, oder den „2008 Apfelwein mit Quitte" von Jürgen Schuch, Praunheim.

Bereits im Alter von 13 Jahren entdeckt **André Großfeld** im Zuge eines Koch-Praktikums seine wahre Leidenschaft, mit 17 beginnt er seine Lehre bei Spitzenkoch Alfons Schubeck. Nach Gesellenjahren in ganz Europa, unter anderem bei Hans Haas im „Tantris", München, ankert er wieder in Waging am See. Diesmal übernimmt er als Souschef im Schubeck'schen „Kurhaus am See" das Steuer, danach im neu eröffneten „Check Inn" in Egelsbach bei Frankfurt. 2005 eröffnet Großfeld sein eigenes Restaurant „GROSSFELD – Gastraum der Sinne" – mit tatkräftiger Unterstützung seiner Lebensgefährtin. Nur wenige Wochen nach der Eröffnung wird er für seinen innovativen Kochstil mit seinem ersten Michelin-Stern ausgezeichnet. Den erkocht er sich neben anderen Auszeichnungen wie Hauben und Kochlöffel seither jedes Jahr aufs Neue. „Mit Leib und Seele alles für den Gast geben" ist seine Motivation. Bekannt geworden ist er für seine eigenständigen, von regionalen Produkten inspirierten Kreationen und neu interpretierten Klassiker. Dem Apfelwein gilt sein Interesse, seitdem er mit Apfelwinzer Andreas Schneider Apfelwein-Menüs kreiert und in seinem Gastraum der Sinne regelmäßig anbietet. Das kulinarische interessierte Publikum kennt André Großfeld aus eigenen Kochshows im Hessen-TV und Kochbüchern.

SCHWEINELENDE MIT DÖRRAPFEL GEFÜLLT AUF PETERSILIENWURZELPÜREE

Für 4 Personen

Schweinelende
1 kg Schweinelende (auch Filet)   500 g Dörrapfel
200 g Speck in Scheiben   2 EL Rapsöl   Salz, frisch gemahlener Pfeffer

Petersilienwurzelpüree
600 g Petersilienwurzel   300 g kleine Kartoffeln   300 g Zwiebeln
300 ml Geflügelfond   200 ml „2009 Mein lieber Scholli" von Andreas Schneider   250 ml Sahne   Muskat   Salz, frisch gemahlener Pfeffer

Zucchinigemüse
500 g Zucchini   3 EL Olivenöl   Salz, Pfeffer

André Großfeld empfiehlt zu diesem Gericht den „2009 Mein lieber Scholli" von Andreas Schneider, Obsthof am Steinberg, Nieder-Erlenbach.

Schweinelende Den Backofen auf 140 °C vorheizen. Das Fleisch sauber parieren, waschen und trocken tupfen. Der Länge nach aufschneiden, sodass man ein großes, flaches Stück hat. Mit Salz und Pfeffer von der Innenseite würzen und die gedörrten Äpfel in der Mitte verteilen. Das Fleisch zu einer Rolle formen und mit dem Speck einwickeln. Da der Speck sehr aromatisch ist, braucht das Fleisch nicht weiter gewürzt werden.

Die Roulade nun von allen Seiten kurz in dem Rapsöl anbraten und auf ein mit Backpapier ausgelegtes Backblech legen und ca. 30 Minuten im Ofen garen.

Petersilienwurzelpüree Die Petersilienwurzeln, Kartoffeln und Zwiebeln schälen und in walnussgroße Stücke schneiden. Mit dem Geflügelfond und dem Apfelwein in einem großen Topf weich kochen. Sobald das Gemüse weich und der Fond um die Hälfte eingekocht ist, mit Sahne aufgießen, würzen und mit dem Pürierstab pürieren.

Zucchinigemüse Die Zucchini waschen und in walnussgroße Stücke schneiden. Kurz in Olivenöl anbraten und mit Salz und Pfeffer würzen.

Anrichten Das Fleisch aus dem Ofen nehmen, aufschneiden und auf dem Püree anrichten. Das Zucchinigemüse dekorativ danebensetzen und servieren.

GEBRATENE STEINPILZE MIT GEFÜLLTEN GRIESSKNÖDELN, GEBRATENEN ÄPFELN UND STEINPILZSCHAUM

Gefüllte Grießknödel
500 ml Milch ▪ 250 g Grieß ▪ 3 Eier ▪ 8 Wachteleier ▪ Muskat ▪ Salz

Steinpilze
500 g Steinpilze

Steinpilzschaum
2 Schalotten ▪ Abschnitte der Steinpilze ▪ 1 EL Rapsöl ▪ 100 ml Rhöner Apfelsherry von Jürgen Krenzer ▪ 100 ml „2009 Bohnapfel-Cuvée" von Andreas Schneider ▪ 100 ml Geflügelfond ▪ 200 ml Milch ▪ 100 ml Sahne ▪ Zitronensaft ▪ Salz, frisch gemahlener Pfeffer

Grüne-Sauce-Risotto
2 Schalotten ▪ Olivenöl ▪ 250 g Risottoreis ▪ 100 ml Weißwein ▪ 1 l Geflügelfond ▪ 1 Pck. Grüne Sauce ▪ 250 g Schmand ▪ 100 g Parmesan ▪ Zitronensaft ▪ Salz frisch gemahlener Pfeffer

Gebratene Äpfel
1 Apfel ▪ 1 EL Butter ▪ 1 Schuss „2009 Bohnapfel-Cuvée" von Andreas Schneider

Anrichten
1 EL Rapsöl ▪ 1 EL Butter ▪ 1 EL Petersilie ▪ Salz

Gefüllte Grießknödel Die Milch aufkochen, mit Salz und Muskatnuss würzen und den Grieß einrühren. Etwa 10 Minuten quellen lassen, dann die Eier gut unterrühren. In einem kleinen Topf die Wachteleier in 2 ½ Minuten wachsweich kochen. Mit kaltem Wasser abschrecken und pellen. Aus dem gequellten Grießteig runde Taler formen und je ein Wachtelei in die Mitte geben. Zu runden Knödeln rollen und in leicht köchelndem Wasser 6 Minuten garen.

Steinpilze Die Steinpilze mit einem feuchten Tuch oder einem kleinen Messer gründlich putzen, nicht in Wasser waschen. In feine Scheiben schneiden und bis kurz vor dem Anrichten beiseitestellen. Die Abschnitte für den Schaum aufbewahren.

Steinpilzschaum Die Schalotten schälen und fein würfeln und mit den Abschnitten der Pilze in dem Rapsöl anschwitzen. Mit Sherry und Apfelwein ablöschen, einkochen lassen und mit Geflügelfond aufgießen. Etwa 30 Minuten bei kleiner Hitze reduzieren. Milch und Sahne dazugießen und einmal aufkochen. Mit Zitronensaft, Salz und Pfeffer abschmecken, aufmixen und durch ein Sieb passieren.

Grüne-Sauce-Risotto Die Schalotten schälen, würfeln und bei mittlerer Hitze in etwas Olivenöl anschwitzen. Den Risottoreis dazugeben und ebenfalls kurz anschwitzen. Den Reis mit dem Weißwein ablöschen und unter ständigem Rühren verkochen lassen. Gleichzeitig den Fond in einem kleinen Topf erhitzen und dann schöpfkellenweise dazugeben und unter Rühren verkochen lassen, bis der Reis den gewünschten Biss hat. Das dauert ungefähr 25–30 Minuten. Die Kräuter der Grünen Sauce mit dem Schmand pürieren und mit dem Parmesan kurz vor dem Servieren unterheben. Zuletzt mit Zitronensaft, Salz und Pfeffer abschmecken.

Gebratene Äpfel Den Apfel achteln, entkernen und in Form bringen. Die Apfelspalten in etwas Butter anschwitzen und mit einem Schuss Apfelwein ablöschen.

Anrichten Eine große Pfanne sehr heiß werden lassen und die Steinpilze darin in etwas Rapsöl von allen Seiten goldbraun braten. Die Pfanne muss groß genug sein, da die Pilze sonst kochen statt zu braten. Wenn die Pilze fast fertig sind, etwas Butter und frische Petersilie hinzugeben und erst ganz zum Schluss salzen. Mit den Grießknödeln, den Apfelspalten, dem Steinpilzschaum und dem Risotto sofort servieren.

André Großfeld empfiehlt dazu „2009 Bohnapfel-Cuvée" von Andreas Schneider, Obsthof am Steinberg, Nieder-Erlenbach.

KARAMELLISIERTE CREME VOM APFELWEIN

Ergibt 11 Portionen à 110 g

1,5 l Bio-Apfelsaft (z. B. vom Obsthof Schneider) · 150 ml Apfelwein (z. B. vom Obsthof Schneider) · 300 ml Sahne · 100 g Zucker · 5 Eier · 4 Eigelb · 10 ml Calvados · brauner Zucker

Den Apfelsaft bei geringer Hitze auf 250 Milliliter reduzieren. Dann Apfelwein, Sahne und Zucker zugeben, einmal aufkochen und auf etwa 65 °C abkühlen lassen.

Die Eier mit dem Eigelb verquirlen und in die Apfelwein-Sahne-Mischung rühren, den Calvados zugeben und in kleine, flache Schälchen füllen.

Den Backofen auf 85 °C Umluft vorheizen. Die Schälchen in ein tiefes Backblech stellen, etwas Wasser einfüllen und die Creme 30 Minuten stocken lassen. Vor dem Servieren mit braunem Zucker gleichmäßig bestreuen und mit dem Gourmetbrenner karamellisieren.

Christoph Rainer empfiehlt dazu den „2008 Bohnapfel 47" oder den „2009 Goldparmäne 16" von Andreas Schneider, Obsthof am Steinberg, Nieder-Erlenbach.

Christoph Rainer sorgt mit seiner anspruchsvollen Kochkunst für innovative Gaumenfreuden im Restaurant „Villa Rothschild". Bei seinen Kreationen setzt er gekonnt auf eine harmonische Verbindung von ungewöhnlichen Geschmackskomponenten und perfekter Optik. Den jungen, ambitionierten 2-Sternekoch fasziniert vor allem die Leichtigkeit der mediterranen Küche, von der er sich auch gern inspirieren lässt. Die Philosophie des kreativen Küchenchefs ist klar definiert: leichte Gourmetküche mit ungewöhnlichen Geschmackskombinationen und mit Sinn für das Wesentliche. Apfelwein, auf hohem Niveau ausgebaut, gehört für Christoph Rainer, der in der hessischen Brüder-Grimm-Stadt Hanau aufgewachsen ist, unbedingt in seine Sterneküche und auf die Weinkarte. Gemeinsam mit Andreas Schneider komponiert er mit Leidenschaft mehrgängige Apfelwein-Menüs. Sein Handwerk hat er bei den Großen seiner Zunft erlernt und seinen Küchenstil prägen besonders die Stationen bei Markus Nagy in der „Villa Hammerschmiede" (1 Stern) sowie bei Heinz Winkler in der „Residenz" in Aschau (2 Sterne). Schließlich krönte seine Laufbahn die Position als Souschef unter Dieter Müller und Nils Henkel in Bergisch Gladbach (3 Sterne). Mit seinen genussvollen Kreationen und der einladenden Atmosphäre ist das Restaurant „Villa Rothschild" zu einer der führenden Feinschmeckeradressen im Taunus geworden

APFEL-MOJITO

Für 4 Personen

Apfelpüree
2 Äpfel (gelbes Fruchtfleisch, Braeburn o. ä.) ▪ 20 g Zitronensaft

Mojito
150 ml Apfelsaft ▪ 50 g hellgelbes Apfelpüree ▪ 75 g Passionsfruchtmark ▪ 75 g Läuterzucker ▪ 60 ml Wodka ▪ 60 ml weißer Rum

Schaum
200 ml Apfelschaumwein (z. B. vom Obsthof Schneider) ▪ 6 Stangen Zitronengras ▪ Abrieb von ¼ Limette ▪ 1 Blatt Gelatine

Anrichten
3 kleine Minzblättchen ▪ 10 g brauner Zucker

Mojito Alle Zutaten miteinander mixen und kühl stellen.

Schaum Den Apfelschaumwein einmal aufkochen und das Zitronengras sowie den Limettenabrieb darin für 15 Minuten ziehen lassen. Anschließend durch ein Sieb passieren. Die Gelatine in kaltem Wasser einweichen, die Apfelschaumweinmischung passieren und die ausgedrückte Gelatine darin auflösen. Den Fond kalt rühren und in eine Isi-Flasche füllen, zwei Kapseln eindrehen und 1 Stunde kühl stellen.

Anrichten Die Minze waschen, trocken schütteln und fein schneiden. Kleine Shot-Gläschen mit dem Mojito zu drei Vierteln befüllen, braunen Zucker und Minze einstreuen, den Apfelschaum bist zum Glasrand einfüllen und servieren.

„Ob Parmesan, Pesto oder Orchidee, kaum ein Aroma ist vor **Leif Besselmann** sicher. Der Chocolatier aus dem Taunusstädtchen Oberursel ist ein Meister feiner Köstlichkeiten", lobte ihn der Feinschmecker im April 2010. Ehre wem Ehre gebührt, denn Besselmann beherrscht mit handwerklichem Geschick und mehr als zehnjährigem meisterlichen Können den Umgang mit exquisiten Rohstoffen, weiß diese zu veredeln und zaubert daraus großartige süße Petitessen. Meist jettet er um die Welt und verwöhnt seine Kunden und Gäste mit seinen extravaganten Schokoladenkreationen. Darunter die Königsfamilie von Bahrein, die Familie des Emirs von Katar, die VIP-Gäste der Formel Eins oder der Fußballweltmeisterschaft in Südafrika 2010. Highlights für die Süßmäuler zu Hause: die originellen Dessertmenüs in der Landsteiner Mühle. Der weit gereiste Patissier und Apfelweinsommelier Michael Stöckl haben nämlich ein Dessertmenü kreiert, das raffiniert mit den verschiedensten Gusti von schokoladiger Süße bis feinster Säure im Apfelwein spielt. Das „süße Gen" hat der international renommierte Patissier und Chocolatier von seinem Großvater, einem selbstständigen Konditormeister, vererbt bekommen. Aufgewachsen im Raum Frankfurt absolvierte er seine Konditorlehre im renommierten „Café Peter Kofler". Die Gesellenjahre verbrachte er in München, wo er auch die bekannte Meisterschule für Konditoren mit Auszeichnung absolvierte. Die erste Meisteranstellung bekam er beim „Käfer" Partyservice in München – der erste Schritt von der klassischen Konditorei hin zur gehobenen Gastronomie. Im Jahr 2000 gewann Leif Besselmann den Vizetitel des Wettbewerbs „Konditor des Jahres".

GEEISTER APFEL-CAPPUCCINO

Für 4 Personen

200 ml Apfelsaft ▪ 3–4 Äpfel (Granny Smith) ▪ 7–8 Äpfel (Cox Orange) ▪ Saft von 1 Zitrone ▪ 100 g Zucker ▪ 100 g Schmand ▪ 5 ml Calvados ▪ ½ Vanilleschote ▪ 200 ml Milch ▪ Zimtpulver

Den Apfelsaft in einen Gefrierbeutel füllen und einfrieren.

Am nächsten Tag die Äpfel vom Blütenansatz, Stiel und dem Kerngehäuse befreien. Die Äpfel in grobe Würfel schneiden und mit dem Zitronensaft in einem Mixer nach und nach zu Fruchtmark mixen. Mit Zucker abschmecken. Den Schmand mit Calvados, dem ausgekratzten Mark der Vanilleschote und etwas Zucker nach Geschmack gründlich verrühren. Anschließend kalt stellen.

Den gefrorenen Apfelsaft aus dem Tiefkühlfach nehmen und mit dem Fruchtmark kurz vor dem Servieren aufmixen. Kleine Gläschen damit etwa drei Viertel füllen und einen Löffel der Schmand-Calvados-Mischung oben draufgeben. Milch erwärmen, aufschäumen und auf die Gläser verteilen. Mit Zimt bestäubt servieren.

Leif Besselmann empfiehlt dazu den „Pangrazhofer Jonagold", einen sortenreinen Apfelmost von Norbert Eder, Oberösterreich.

SALAT VON POCHIERTEM APFEL MIT ALTEM BALSAMICO

Für 4 Personen

Salat von pochiertem Apfel
5–6 Äpfel (Ananasrenette oder nicht mehlige Tafeläpfel) ▪ 80 ml Zitronensaft ▪ 200 g Zucker ▪ 1 Vanilleschote ▪ 1,5 l naturtrüber Apfelsaft oder Apfelwein ▪ ½ Rosmarinzweig

Anrichten
alter Balsamico ▪ ½ Rosmarinzweig ▪ Abrieb von 1 unbehandelten Zitrone

Salat von pochiertem Apfel Die Äpfel sorgfältig schälen und das Kerngehäuse entfernen. Schalen und Kerngehäuse für die spätere Verwendung beiseitestellen. Die Äpfel in schöne Spalten schneiden und mit etwas Zitronensaft beträufeln.

Die Hälfte des Zuckers bei mittlerer Hitze in einem Topf zu einem sehr hellen Karamell schmelzen, vom Herd nehmen und die Apfelschalen und die Kerngehäuse hinzufügen. Mit dem 70 Milliliter des Zitronensafts ablöschen. Die Vanilleschote der Länge nach aufschneiden und zu den Apfelschalen geben. Mit dem Apfelsaft bzw. dem Apfelwein auffüllen, sodass die Schalen komplett mit der Flüssigkeit bedeckt sind. Diesen Fond auf die Hälfte einreduzieren und anschließend durch ein feines Sieb in eine Schüssel gießen.

Eine Pfanne erhitzen, die Apfelspalten hinzufügen und die Hitze reduzieren. Den gesiebten Fond dazugießen und die Pfanne mit dem Deckel verschließen. Etwa 10–15 Minuten sieden, aber nicht mehr kochen lassen, dann die Apfelspalten herausheben und in kleine Suppenteller geben.

Den übrigen Fond in der Pfanne aufkochen, mit 1 Teelöffel Zitronensaft und dem restlichen Zucker abschmecken. Nicht übersäuern, da der Essig später noch hinzukommt. Mit dem Rosmarin noch einmal aufkochen.

Anrichten Ein wenig des Fonds und des Balsamicos über die Apfelspalten geben und mit Rosmarin und etwas Zitronenabrieb garniert servieren.

Leif Besselmann empfiehlt dazu den „Odenwälder Massik", einen Perlwein aus Apfelwein, von Dieter Walz, Fürth.

CRÈME BRÛLÉE MIT GLASIERTEM APFEL

Für 4 Personen

380 ml Sahne • 120 ml Milch • Mark von 1 Vanilleschote • 1 Prise Salz
4 Eigelb • 45 g Zucker • 1 säuerlicher Apfel • etwas Zimt und Zucker
1 TL Butter • Puderzucker oder brauner Zucker • 4 Minzblätter

Sahne, Milch, Vanillemark, Salz, Eigelb und Zucker miteinander verrühren und über Nacht in den Kühlschrank stellen.

Am nächsten Tag die Masse durch ein sehr feines Sieb gießen und mit dem Zauberstab aufmixen. In flache Schälchen oder kleine Suppenteller füllen und den Backofen auf 90 °C vorheizen.

Die Schälchen in ein tiefes Backblech stellen, das zu einem Drittel mit Wasser gefüllt ist. Wenn der Backofen die richtige Temperatur hat, das Blech in den Ofen schieben und die Crème brûlée 45–60 Minuten garen. Das Wasser darf dabei nicht kochen. Die fertige Crème brûlée sollte die Konsistenz von Pudding haben. Kurz auskühlen lassen und dann noch einmal in den Kühlschrank stellen.

Den Apfel schälen, das Kerngehäuse entfernen, vierteln und in Spalten schneiden. Mit etwas Zimt und Zucker in einer beschichteten Pfanne in Butter goldgelb glasieren.

Auf die gekühlten Crèmes eine dünne Schicht Puder- oder braunen Zucker geben und mit einem Gourmetbrenner karamellisieren. Die glasierten Apfelspalten auf den Schälchen verteilen und mit je einem Minzblatt ausdekorieren.

Leif Besselmann empfiehlt hierzu Dessert den „Sydre Argelette" von Eric Bordelet, Normandie.

Rezepte

Apfelwein in seiner ganzen Vielfalt trinken ist das Eine. Mit Apfelweinen, Apfelschaumweinen, Variationen vom Eisapfel oder Apfelbalsamessig kann man aber auch ganz wunderbar kochen und manches Rezept um eine fruchtige Komponente bereichern. Egal ob ambitionierter Sternekoch oder auf die Tradition besonnener Küchenchef im Landgasthaus, immer mehr Köche entdecken die kulinarischen Schätze, die eine Region zu bieten hat, und kreieren damit neue Gerichte. Apfelwein hat in diesen Küche einen großen Auftritt. Die besten Rezepte von Lokalmatadoren wie dem „Apfelweinprofessor" Peter Merkel, von Apfelwinzern wie Andreas Schneider persönlich oder einfach von der Großmutter eines Protagonisten der neuen Apfelweinszene – die folgende Rezeptsammlung macht Lust auf Apfelwein.

KALTE APFEL-WASABI-SUPPE

Ergibt 8–10 Gläschen à 80 ml

7 säuerliche Äpfel ▪ **500 ml klarer Apfelsaft** ▪
50 ml Vérjus (alternativ Saft von 1 Limette) ▪ **1 TL Wasabipaste** ▪
1 Handvoll Basilikum ▪ **1 Msp. Salz**

Die Äpfel schälen und vom Kerngehäuse befreien, klein schneiden und mit dem Apfelsaft weich kochen. Dann mit den anderen Zutaten gründlich pürieren und durch ein feines Sieb streichen. Für mindestens 2 Stunden in den Kühlschrank stellen.

In Gläser füllen und eiskalt servieren.

Claudia Schmucker-Arold und Heidi Dimde (→ Seite 35) empfehlen dazu ein Glas von ihrem „Herrenberger Apfelschaumwein", der traditionell flaschenvergoren und handgerüttelt ist und durch seine frische, filigrane Apfelaromatik besticht.

ZIEGENFRISCHKÄSE MIT POMMEAU-APFELKOMPOTT UND WILDSCHWEINSCHINKEN

Ergibt 4–6 Gläser à 150 ml

2–3 säuerliche Äpfel ▪ **1–2 EL Zucker** ▪
150 ml „Pommeau" (alternativ 50 ml Calvados) ▪ **5 EL Sahne** ▪
250 g Ziegenfrischkäse ▪ **3 EL Olivenöl** ▪ **8–12 hauchdünne Scheiben Wildschweinschinken** ▪ **Salz, frisch gemahlener Pfeffer**

Die Äpfel schälen, entkernen und in kleine Stücke schneiden. Mit dem Zucker und dem Pommeau in einen kleinen Topf geben und bei niedriger Hitze zu einem Kompott einkochen. Abkühlen lassen.

Die Sahne in einem anderen Topf langsam erwärmen, mit Salz und Pfeffer würzen und mit dem Ziegenfrischkäse gründlich verrühren. Das Olivenöl dazugeben und glatt rühren.

Kleine Gläschen zuerst mit einer Schicht Ziegenfrischkäse, dann mit einer Schicht Pommeau-Apfelkompott füllen und zum Schluss den Wildschweinschinken darauf anrichten.

Claudia Schmucker-Arold und Heidi Dimde (→ Seite 35) empfehlen dazu ihren vielseitigen Aperitif bzw. Digestif „Herrenberger Pommeau". Gekühlt getrunken, passt er wunderbar zu vielerlei Vor- und Nachspeisen.

LACHSTRANCHE AN SALAT MIT APFELPERLWEIN-DRESSING UND KARTOFFEL-KRÄUTER-PLÄTZCHEN

Für 3 Personen

Lachs
190 g Lachs   10 g Butter   Salz, frisch gemahlener Pfeffer

Salat
150 g gemischter Salat (z.B. Lollo bianco, Rucola etc.)   2 EL Olivenöl
2 TL Apfelessig   2 TL „Linus A-Secco" von Clostermanns   ½ Boskoop-Apfel   10 g Rinderkraftbrühe   Zucker, Salz, frisch gemahlener Pfeffer

Kartoffel-Kräuter-Plätzchen
250 g Kartoffeln   20 g Kräuter nach Geschmack   1 Eigelb
Butter   Muskatnuss, Salz, frisch gemahlener Pfeffer

Anrichten
1 Apfel   15 g Butter   Borretschblüten   Croûtons   Sprossen
Radieschen

Rolf und Thea Clostermann (--> Seite 105) empfehlen dazu den hauseigenen, halbtrockenen Apfelperlwein nach Secco-Art "Linus".

Im Restaurant Lippeschlösschen spielen regionale Produkte und nachhaltiges Wirtschaften die Hauptrollen. Gemüse, Salate, Apfelsekt und Fleisch, beispielsweise von der alten Schweinerasse Bunte Bentheimer, werden deswegen von regionalen Produzenten bezogen. In der Küche sorgt Chefkoch **Dirk Pollert** für die schonende und raffinierte Zubereitung dieser kulinarischen Schätze. Für **Rolf und Thea Clostermann** (→ Seite 105) zaubert er Lachs aufs Salatbett und ein zartschmelzendes Apfelsorbet – alles mit dem prickelnden Apfel-Rosen-Sekt vom benachbarten Demeter-Betrieb Clostermann, versteht sich.
www.lippeschloesschen.de

Lachs Den Lachs salzen und pfeffern und in einer Pfanne in zerlassener Butter rundum knusprig anbraten.

Salat Den Salat putzen, waschen und trocken schleudern. Für die Vinaigrette das Öl mit dem Essig verrühren. Den Apfel schälen, fein reiben und mit der Brühe unter die Vinaigrette mischen. Mit Salz, Pfeffer und Zucker abschmecken.

Kartoffel-Kräuter-Plätzchen Kartoffeln in ausreichend Salzwasser weich kochen, abdämpfen und durch die Kartoffelpresse drücken. Eigelb unterheben, mit den Kräutern vermengen und mit frisch geriebener Muskatnuss, Salz und Pfeffer würzen. Zu Rollen formen und kalt stellen. Die Rollen in fingerdicke Scheiben schneiden und in Butter ausbraten.

Anrichten Den Apfel mit einer geriffelten Reibe in breite Scheiben schneiden und in etwas zerlassener Butter von beiden Seiten anbraten. Jeweils drei Scheiben auf einen Teller geben, den gebratenen Lachs anlegen und den Salat locker danebensetzen. Mit der Vinaigrette beträufeln und nach Belieben mit Croûtons, Sprossen, Radieschenscheiben und Borretschblüten ausgarnieren. Die gebratenen Kartoffel-Kräuter-Plätzchen anlegen.

WILDKRÄUTERSALAT MIT GEBRATENEN PILZEN UND APFELCHUTNEY

Apfelchutney
2 Äpfel (Jonagold, Apfelgut Zimmermann)
20 g Ingwer   75 g Gelierzucker (2:1)   1 Msp. Currypulver
25 ml Weißweinessig   Saft von ½ Zitrone

Wildkräutersalat
240 g Pilze (z. B. Kräuterseitling, Pom Pom blanc, Shiitake)
Olivenöl zum Anbraten   ½ TL Fenchelsamen   ½ Zwiebel
1 EL gehackte Petersilie   2 EL dunkler Apfelbalsamessig vom Apfelgut Zimmermann   4 EL Olivenöl   Filets von 1 Zitrone
200 g gewaschene Wildkräuter (z. B. von Ivonne Ullrich, Lambsheim)
Salz, frisch gemahlener Pfeffer

Apfelchutney Die Äpfel schälen und in etwa 1 Zentimeter große Würfel schneiden. Den Ingwer ebenfalls schälen und in etwa 3 Millimeter kleine Würfel schneiden. Apfel- und Ingwerwürfel, Gelierzucker, Currypulver, Weißweinessig und Zitronensaft in einem Topf bei kleiner Hitze einmal aufkochen und danach kalt stellen. Vor dem Servieren Raumtemperatur annehmen lassen.

Wildkräutersalat Die Pilze vorsichtig säubern, in Stücke schneiden und in einer heißen Pfanne in Olivenöl anbraten. Die Fenchelsamen zerstoßen, die Zwiebel schälen und fein würfeln. Alles zusammen mit der Petersilie zu den Pilzen geben und mit Salz und Pfeffer würzen. Anschließend Apfel-Balsamessig, Olivenöl, Salz und Pfeffer zu einer Vinaigrette verrühren. Von der Zitrone die Schale inklusive der weißen Haut rundum abschneiden und die Filets herauslösen. Zitronenfilets, Wildkräuter und Vinaigrette mit den noch heißen, gebratenen Pilzen mischen.

Anrichten Den Wildkräutersalat auf vier Tellern mittig anrichten und das Apfelchutney (Raumtemperatur) dazureichen.

Peter Zimmermann (→ Seite 43) empfiehlt dazu den Apfelsecco „Cuvée August" vom Apfelgut Zimmermann.

APFEL-MEERRETTICH-SUPPE MIT FORELLENSTREIFEN

Für 4 Personen

Apfel-Meerrettich-Suppe
1 kleine Zwiebel • 2 säuerliche Äpfel (z.B. Boskoop) • 50 g Butter • 500 ml Sahne • 60 g Mehl • 500 ml Apfelsaft • 30–50 g frisch geriebener Meerrettich • Muskat • Salz, frisch gemahlener Pfeffer

Forellenstreifen
1 geräuchertes Forellenfilet (ca. 120 g)

Apfel-Meerrettich-Suppe Die Zwiebel schälen und hacken, die Äpfel waschen und fein reiben. In einer Pfanne die Butter zerlassen und die Zwiebeln darin glasig anschwitzen. Die geriebenen Äpfel bis auf 1 Esslöffel hinzugeben, kurz weiterdünsten und dann mit Sahne auffüllen.

Das Mehl mit 3 Esslöffeln kaltem Wasser anrühren und die kochende Suppe damit abbinden. Nach dem Aufkochen den Apfelsaft hinzugeben, leise köcheln lassen, dann den Meerrettich zugeben und mit Muskat, Salz und Pfeffer würzen. Mit dem Handmixer aufschäumen und nochmals abschmecken.

Forellenstreifen Das Forellenfilet in Streifen schneiden.

Anrichten Die Forellenstreifen in vorgewärmte Teller geben, Suppe abfüllen, mit etwas geschlagener Sahne und dem beiseitegestellten geriebenen Apfel garniert servieren.

Gerhard Fritz (→ Seite 117) empfiehlt dazu den „Kreiswälder Apfellikör", hergestellt nach traditionellem Verfahren, mit „PrimaSecco", einem regionalen Schaumwein der Bergsträßer Winzergenossenschaft, aufgegossen.

HANDKÄSE MIT APFELMUSIK

Für 4 Personen

8 gut durchgereifte Handkäse à 50 g   5 EL Sonnenblumenöl
100 ml milder Apfelessig (z.B. Beutelsbacher von Demeter)
100 ml Apfelwein „Goldparmäne" von Andreas Schneider
1 Zwiebel   1 Apfel (Schneiders Blutapfel, alternativ 1 rote Zwiebel)
1 Estragonspitze   Salz, frisch gemahlener Pfeffer

Den Handkäse schon einige Stunden vor dem Servieren aus der Kühlung nehmen, damit er gut temperiert ist. Sonnenblumenöl, Apfelessig, Apfelwein und 100 Milliliter Wasser mit dem Schneebesen zu einer Vinaigrette verrühren und mit Salz und Pfeffer würzen.

Die Zwiebel und den Apfel schälen und fein würfeln. Die Vinaigrette über den Handkäse geben und mit Zwiebel- und Apfelwürfeln und der Estragonspitze garnieren. Nach Belieben mit Bauernbrot, Butter und Apfelspalten servieren.

Andreas Schneider (→ Seite 51) empfiehlt dazu den „2010 Schneider Schoppen" oder den „2010 Boskoop" vom Obsthof am Steinberg, Nieder-Erlenbach.

„HIMMEL UN ERD" MIT ZWIEBEL-BRATAPFEL

Für 4 Personen

Kartoffelpüree
1 kg mehligkochende Kartoffeln ■ 50 g Butter ■ 125–200 ml Milch ■ Muskat ■ Salz, frisch gemahlener Pfeffer

Zwiebel-Bratapfel
1 große Zwiebel ■ 5 Äpfel (Boskoop) ■ 50 ml Öl ■ 1 TL Thymian ■ 1 EL Senfsaat, über Nacht eingeweicht ■ Salz, frisch gemahlener Pfeffer

Anrichten
1 Ring Blutwurst (ca. 600 g)

Kartoffelpüree Die Kartoffeln in Salzwasser gar kochen und abschütten. Kartoffeln mit Butter und Milch zerstampfen, mit Salz, Pfeffer und Muskat abschmecken und warm halten.

Zwiebel-Bratapfel Den Backofen auf 160 °C vorheizen. Die Zwiebel schälen und fein würfeln, einen Apfel schälen, vierteln, entkernen und ebenfalls fein würfeln. Das Öl in einer Pfanne erhitzen und die Zwiebel- und Apfelwürfel, den Thymian und die eingeweichte Senfsaat anschwitzen. Mit Salz und Pfeffer würzen. Die übrigen Äpfel waschen und das Kerngehäuse herausstechen. Die Apfel-Zwiebel-Mischung in die vorbereiteten Äpfel füllen und etwa 5 Minuten im Ofen backen.

Anrichten Während die Bratäpfel im Ofen backen, die Blutwurst in Scheiben schneiden. In einer heißen Pfanne möglichst ohne Fett anbraten und zusammen mit dem Kartoffelpüree und den Bratäpfeln anrichten.

Jürgen Schuch (→ Seite 65) empfiehlt dazu ein Glas hauseigenen „2010 Apfelwein vom Boskoop" (sortenrein).

LINSENSALAT MIT BIRNENBALSAMESSIG UND GETROCKNETER BLUTWURST

Für 4 Personen

Linsensalat

200 g Linsen   1 Karotte   ½ Sellerieknolle   1 Zwiebel
1 mehlig-kochende Kartoffel   20 ml Rapsöl   1 Lorbeerblatt
300 ml heller Kalbsfond   Muskat   40 ml dunkler Apfelbalsamessig
vom Apfelgut Zimmermann   1 EL gehackte Petersilie
Salz, frisch gemahlener Pfeffer

Anrichten

80 ml kalt gepresstes Rapsöl   60 ml Birnenbalsamessig vom Apfelgut Zimmermann   200 g geräucherte, getrocknete Blutwurst

Linsensalat Die Linsen in einem Topf mit ausreichend Wasser bedecken, einmal aufkochen lassen und anschließend in ein Sieb schütten. Das Gemüse schälen und sehr fein würfeln. Das Rapsöl in einem Topf erhitzen und die Gemüsewürfel darin glasig anschwitzen. Linsen und Lorbeerblatt dazugeben, mit Kalbsfond auffüllen und 15 Minuten bei kleiner Hitze kochen. Das Lorbeerblatt entnehmen und mit Muskatnuss, dunklem Balsamessig, Salz und Pfeffer abschmecken. Anschließend die gehackte Petersilie dazugeben.

Anrichten Den Linsensalat in vier tiefen Tellern anrichten. Die Blutwurst in etwa 3 Millimeter dünne Blutwurstscheiben schneiden und darauf verteilen. Abschließend kalt gepresstes Rapsöl und Birnenbalsamessig darüberträufeln.

Peter Zimmermann (→ Seite 43) empfiehlt dazu den Apfelperlwein „Pommante" vom Apfelgut Zimmermann.

Das Hofgut Ruppertsberg liegt inmitten der Pfälzer Weinberge. **Jean-Philippe Aiguier** hat 2007 entschieden, sein Lehramts- und Kommunikationswissenschaftliches Studium zu unterbrechen, und dem pittoresken Gut nach elfjährigem Leerstand neues kulinarisches Leben einzuhauchen. Aiguier fühlt sich der Nachhaltigkeit in allen gastronomischen Sparten verpflichtet. Als Mitglied verschiedener Prüfungsausschüsse und Ausbilder kümmert er sich seit 2001 engagiert um den Nachwuchs. 2009 eröffnete er seine Stadtfiliale, das Salamander, das erste zertifizierte Bio-Restaurant und Bioland-Gastropartnerbetrieb in Ludwigshafen. Für den Wachenheimer Apfelwinzer **Peter Zimmermann** hat Aiguier diesen raffinierten Linsensalat mit Birnenbalsamessig sowie den Wildkräutersalat mit gebratenen Pilzen und Apfelchutney von Seite 170 kreiert.
www.dashofgut.com

ZANDER AUF APFELLINSEN

Für 4 Personen

Apfellinsen
30 g Butter ▪ 1 EL fein gehackte Zwiebel ▪ 400 g rote Linsen (ein paar Stunden vorher in Wasser einweichen) ▪ 500 ml Apfelsaft ▪ 2 säuerliche Äpfel (z. B. Boskoop)

Weißweinsauce
80 g Zwiebel ▪ 80 g Butter ▪ 150 ml Weißwein ▪ 250 ml Sahne ▪ 30 g Mehl ▪ Salz, frisch gemahlener Pfeffer

Zander
4 Zanderfilets à 130 g ▪ 80 g Mehl ▪ 60 g Butter ▪ Salz, frisch gemahlener Pfeffer

Anrichten
Kreiswälder Apfelbrand zum Beträufeln

Apfellinsen Die Butter in einer Pfanne zerlassen und die Zwiebeln darin anschwitzen. Die eingeweichten Linsen zugeben, mit Apfelsaft aufgießen und etwa 20 Minuten leicht köcheln lassen. Äpfel waschen, mit Schale raspeln und zu den Linsen geben. Mit Salz und Pfeffer und eventuell noch einem Spritzer Essig abschmecken.

Weißweinsauce Die Zwiebeln schälen und fein hacken, in einer Pfanne in etwas Butter anschwitzen. Mit Weißwein ablöschen, mit Sahne aufgießen und mit Mehl leicht abbinden. Zuletzt mit Salz und Pfeffer abschmecken.

Zander Zanderfilet auf der Hautseite ziselieren (leicht einschneiden) und rundum salzen, pfeffern und mehlieren. Die Butter in einer Pfanne zerlassen und die Fischfilets zuerst auf der hellen Seite anbraten und danach auf der Hautseite knusprig fertig braten.

Anrichten Die Linsen auf die Teller verteilen, die Zanderfilets darauf anrichten und mit Apfelbrand beträufeln. Mit Weißweinsauce nappiert servieren.

Gerhard Fritz (→ Seite 117) empfiehlt zum Zander einen naturherben Apfelwein vom Landgasthaus Zum Kreiswald.

ZANDER MIT KARAMELLISIERTEN APFELSCHUPPEN AN SALAT

Für 4 Personen

Zander
3–4 säuerliche Äpfel   1 EL Butter   1 TL Zucker   1 Schuss Eisapfel von Jörg Geiger   4 Zandertranchen à 100 g   1 TL Mehl   Salz, frisch gemahlener Pfeffer

Apfel-Honig-Dressing
1–1 ½ EL Honig   1–3 TL brauner Zucker   1–3 EL Apfelessig   3–4 EL Eisapfel von Jörg Geiger   Saft von ½ Zitrone   2–3 EL Walnussöl   1–1 ½ säuerliche Äpfel   ½ cm Ingwer   Salz, frisch gemahlener Pfeffer

Anrichten
Blattsalate der Saison   Wildkräuter nach Geschmack (Estragon, Schafgarbe, Kerbel, Malvenblüten)   Salz, frisch gemahlener Pfeffer

Zander Die Äpfel waschen, schälen und in dünne Scheiben schneiden. Mit einem runden Ausstecher „Schuppen" für den Zander ausstechen und in einer Pfanne in zerlassener Butter kurz anbraten. Mit etwas Zucker bestreuen und karamellisieren lassen. Mit Eisapfel ablöschen, aus der Pfanne nehmen und kalt stellen.

Den Backofen auf 160 °C vorheizen. Die Zanderfilets kalt abwaschen und gegebenenfalls die Gräten ziehen. Den Fisch beidseitig salzen, pfeffern und mehlieren und in heißem Fett zunächst auf der Hautseite anbraten, dann wenden, sehr kurz braten und aus der Pfanne nehmen. Die Hautseite des Fischfilets dachziegelartig mit den Apfelschuppen belegen, in den Backofen geben und in 8–10 Minuten garen.

Apfel–Honig-Dressing Den Honig mit dem braunen Zucker, Apfelessig, Eisapfel, Zitronensaft, Salz und Pfeffer verrühren, bis sich alles aufgelöst hat. Das Walnussöl kräftig unterrühren. Den Apfel fein reiben und zum Dressing geben. Den Ingwer schälen, reiben und das Dressing damit abschmecken.

Anrichten Blattsalate und Wildkräuter auf den Tellern verteilen und mit dem Dressing marinieren. Den Fisch mittig auflegen und nach Belieben garnieren.

Jörg Geiger (→ Seite 121) empfiehlt dazu den hauseigenen Schaumwein aus Schillers Apfel.

SAIBLINGSFILET MIT RISOTTO UND WILDKRÄUTERPESTO

Für 6 Personen

Wildkräuterpesto

15 g Kürbiskerne · 15 g Parmigiano-Reggiano · 100 g Kräuter (Portulak, Scharfgarbe, Wiesenklee, Majoran, Blattpetersilie) · 50 ml Traubenkernöl · 50 ml Kürbiskernöl · Meersalz, frisch gemahlener Pfeffer

Risotto

2 Äpfel · 1 TL Butter · 1–2 TL Zucker · 2 Schalotten · 500 ml Gemüsefond · 1 TL Butterfett · 200 g Risottoreis · 50 ml Apfelwein · 100 ml Schauenburger Apfelschaumwein von Joachim Döhne · Salz, frisch gemahlener Pfeffer

Saibling

6 Saiblingsfilets, geschuppt, à 100 g · 1 TL Butterfett · Salz, frisch gemahlener Pfeffer

Anrichten

Majoranblättchen

Wildkräuterpesto Kürbiskerne in einer Pfanne ohne Öl anrösten, anschließend abkühlen lassen. Den Käse fein reiben. Sämtliche Kräuter gründlich waschen und trocken schleudern. Kräuter zunächst mit einem Messer möglichst fein quer zur Faser schneiden (so wird eine zu hohe Erwärmung verhindert und das Pesto bleibt schön grün), dann mit Käse und Kräutern in einem Mörser fein zerreiben oder in einem hohen Gefäß mit einem Stabmixer pürieren. Anschließend mit dem Öl aufrühren.

Risotto Äpfel waschen, vierteln, entkernen und in Spalten schneiden. Butter in einer Pfanne erhitzen, die Apfelspalten darin anbraten, mit etwas Zucker bestreuen und unter ständigem Bewegen karamellisieren lassen, anschließend zum Anrichten beiseitestellen.

Schalotten schälen und in kleine Würfel schneiden. Gemüsefond in einen Topf geben, aufkochen und warm halten.

Butterfett in einem Topf erhitzen, den Reis einrühren und glasig werden lassen. Gewürfelte Schalotten dazugeben und kurz mitdünsten. Mit Apfelwein ablöschen, 200 Milliliter Fond angießen und den Reis unter Rühren die Flüssigkeit aufnehmen lassen. Nach und nach den restlichen Fond zugießen und den Reis bissfest garen, das dauert etwa 20–25 Minuten. 10 Minuten vor Ende der Garzeit mit Salz und Pfeffer würzen. Vor dem Anrichten etwas Apfelschaumwein angießen und unterrühren.

Saibling Das Saiblingsfilet würzen und in Butterfett zunächst auf der Hautseite braten, bis sich der Fisch von der Pfanne löst. Wenden und bei reduzierter Hitze kurz weiterbraten.

Anrichten Den Risotto auf Tellern anrichten, Saiblingsfilet daraufsetzen, mit den Apfelspalten, den Majoranblättern und dem Wildkräuterpesto dekoriert servieren.

Joachim Döhne (→ Seite 97) empfiehlt dazu seinen Apfelschaumwein „Boskoop trifft Kaiser Wilhelm" mit grapefruitartigen Aromen.

Meisterkoch **Günter Haack** erlernte in der Agnes-Ansberg-Kochschule sein Handwerk. Den Feinschliff holte er sich in renommierten Häusern wie Nassauer Hof in Wiesbaden und Traube Tonbach in Baiersbronn. Bei vielen namhaften Wettbewerben wie dem Eisvogelpokal war er immer unter den Bestplatzierten. Den Meisterkoch und seine Team kann man für private Feiern und Firmenfeste buchen. Für die **Manufaktur Joachim Döhne** (→ Seite 97) kreierte Günter Haack exklusiv ein raffiniertes Rezept mit Schauenburger Apfelschaumwein. www.meisterkoch-haack.de

POMP-RISOTTO

Für 4 Personen

750 ml Gemüsebrühe ▪ **2 Zwiebeln** ▪ **½ Knoblauchzehe** ▪ **5 EL Olivenöl** ▪
400 g Vialone-Reis ▪ **750 ml „POMP" von Johanna Höhl** ▪ **2 EL Butter** ▪
2 Döschen Safran ▪ **100–150 g Parmesan**

Die Gemüsebrühe in einem kleinen Topf erwärmen und sieden lassen, aber nicht kochen.

Zwiebeln und Knoblauch schälen und fein würfeln. Das Olivenöl in einer großen Pfanne erhitzen und die Zwiebeln und den Knoblauch darin kurz andünsten. Den Reis zugeben und mitdünsten, bis er glasig wird und an der Pfanne klebt. Mit einem Schuss POMP ablöschen und die Flüssigkeit unter ständigem Rühren vom Reis ganz aufnehmen lassen. Den Sekt so nach und nach zugeben, dabei die Pfanne nicht mit dem Deckel verschließen. Wenn der Sekt verarbeitet ist, die heiße Brühe ebenso schöpfkellenweise zugeben und aufsaugen lassen. Der Reis sollte nach insgesamt etwa 20 Minuten weich, aber nicht klebrig sein.

Kurz vor dem Servieren Safran und etwas Butter dazugeben und den Parmesan frisch darüberhobeln. Auf die Teller verteilen und heiß servieren.

Der POMP-Risotto lässt sich übrigens mit vielen Zutaten, wie Pilzen, Spargel, Garnelen oder Lachs, wunderbar variieren und schmeckt – entgegen der gängigen Meinung – auch aufgewärmt toll.

Johanna Höhl (→ Seite 101) empfiehlt zu dem eher kräftigen Risotto den „POMP rosé", der zwar brut ist, aber durch seine feine Fruchtigkeit eine frische und harmonische Fülle auf die Zunge bringt. Eine ideale Ergänzung zur Safrannote des Risottos.

APFELWEINHÄHNCHEN

Für 4 Personen

1,6 kg Brathähnchen (bei Hähnchenbrust ohne Knochen ca 800-1000 g)
50 g Butterfett   50 g Dörrfleisch   2 Knoblauchzehen   80 g Karotten
80 g Zucchini   1 Apfel   80 g kleine Champignonköpfe   4 cl Apfelbrand (z.B. Merkels hauseignen Apfel- oder Apfelhefebrand, gebrannt bei Dieter Walz)   400 ml Apfelwein   200 ml Geflügelfond   200 ml Apfelsaft
1–2 EL Stärke   1 TL geschnittener Majoran   2 EL geschnittener Schnittlauch   Salz, frisch gemahlener Pfeffer

Das Geflügel zerteilen unter fließendem Wasser abwaschen und mit Küchenpapier trocken tupfen. Das Bratfett in einen großen Bratentopf erhitzen, die Geflügelteile mit Salz und Pfeffer würzen und darin von beiden Seiten anbraten. Aus dem Bratentopf nehmen und beiseitestellen.

Das Dörrfleisch fein würfeln, den Knoblauch schälen und ebenfalls fein würfeln. Karotten schälen, Zucchini und Apfel waschen, Champignons putzen. Den Apfel halbieren, das Kerngehäuse herausschneiden und in feine Scheiben schneiden. Karotten und Zucchini ebenfalls in feine Scheiben schneiden, die Champignons vierteln.

Dörrfleisch und Knoblauch in den Bratentopf geben und darin andünsten. Mit dem Apfelbrand ablöschen und Karotten, Zucchini und Champignons zugeben. Apfelwein, Geflügelfond und Apfelsaft angießen, aufkochen und die angebratenen Geflügelteile wieder hineingeben. Etwa 15-20 Minuten bei geschlossenem Deckel garen (nicht kochen lassen!).

Die gegarten Geflügelteile herausnehmen und auf dem Herd mit Folie abgedeckt oder im Backofen bei 80-90 °C warm stellen. Die Sauce nach Bedarf mit etwas in Wasser angerührter Stärke abbinden. Majoran und Schnittlauch in die Sauce rühren. Mit Salz, Pfeffer und einem Schuss Apfelbrand abschmecken. Die Geflügelteile wieder in die Sauce geben.

Als Beilage empfehlen sich hausgemachte „Gänsstebbel" (ähnlich wie Schupfnudeln) oder Odenwälder Nudeln.

Peter Merkel (→ Seite 55) serviert dazu ein Glas sortenreinen Boskoop-Apfelwein.

SCHWEINELENDE MIT KARAMELLISIERTEN ÄPFELN, KARTOFFELPLÄTZCHEN UND WIRSINGGEMÜSE

Für 4 Personen

Kartoffelplätzchen
1 kg vorwiegend festkochende Kartoffeln (z.B. Agria) ▪ 2 Thymianzweige ▪ 1 Rosmarinzweig ▪ 2 Petersilienstängel ▪ 4 Eigelb ▪ 100 g Kartoffelstärke ▪ Salz, Muskat

Wirsinggemüse
1 Wirsing ▪ 1 mittelgroße Zwiebel ▪ 100 ml Gemüsefond ▪ 50 ml Sahne ▪ Steinsalz, frisch gemahlener Pfeffer

Schweinelende
800 g Schweinelende, Mittelstück, sauber pariert, ohne Fett und Sehnen ▪ 40 ml Walnussöl ▪ 60 g Butter ▪ 1 Zwiebel ▪ 80 ml Quitten-Aperitifessig von Jürgen Katzenmeier ▪ 120 ml Schweinejus ▪ 100 ml Sahne ▪ 2 Backäpfel (z.B. Boskoop oder Jona) ▪ Steinsalz, frisch gemahlener Pfeffer

Anrichten
30 g Butter

Kartoffelplätzchen Die Kartoffeln schälen, in gleichmäßige, etwa 1 Zentimeter dicke Scheiben schneiden und in Salzwasser weich kochen.

Die Kräuter waschen, trocken schütteln, vom Stängel zupfen und fein hacken. Die Kartoffeln durch die Kartoffelpresse drücken, Eigelb, Kartoffelstärke und gehackte Kräuter zugeben und mit Salz und Muskat abschmecken. Gründlich vermengen, zu etwa 4 Zentimeter dicken Rollen formen, in Stärke rollen und erkalten lassen.

Wirsinggemüse Die gelben und verschmutzten äußeren Blätter des Wirsingkopfs entfernen, den Wirsingkopf in vier Teile schneiden und den Strunk entfernen. Die Wirsingviertel in feine Streifen schneiden, die Zwiebel schälen und fein würfeln. Die Butter in einer großen Pfanne oder einem flachen Topf zerlassen, die Zwiebeln darin glasig dünsten und die Wirsingstreifen zugeben. Den Gemüsefond zugeben und den Wirsing unter Rühren leicht anbraten. Kurz bevor das Gemüse gar ist, die Sahne zugeben, mit Steinsalz und frisch gemahlenem schwarzen Pfeffer würzen und fertig garen. Der Wirsing sollte leicht angebraten und durch die Sahne etwas abgebunden sein.

Schweinelende Die Schweinelende in acht gleichmäßig große und dicke Stücke schneiden und leicht flach drücken. Mit feinem Steinsalz und frisch gemahlenem schwarzem Pfeffer würzen.

In einer genügend großen, gusseisernen Pfanne das Walnussöl erhitzen und die Lendenstücke auf beiden Seiten darin scharf anbraten. Die Hitze reduzieren und weiterbraten, bis das Fleisch innen fast medium ist. (Das stellt man ganz einfach fest, indem man mit dem Zeigefinger leicht auf das Fleisch drückt. Fühlt es sich ungefähr so an, wie beim Druck auf den Daumenballen, dann ist das Fleisch noch englisch, das heißt blutig im Inneren. Dann noch ganz kurz weitergaren lassen.) Die Lendenstücke aus der Pfanne nehmen, auf ein Kuchengitter legen, eine Auffangschale für den Fleischsaft darunterstellen und bei etwa 60 °C im Backofen warm halten.

Die Zwiebel schälen und fein würfeln. Die Pfanne mit dem Bratsatz zurück auf den Herd stellen, die Hälfte der Butter darin zerlassen und die Zwiebel darin rösten. Mit 60 Milliliter Quitten-Aperitifessig ablöschen und reduzieren lassen. Dann die Jus zugeben und alles um ein Drittel reduzieren lassen. Zum Schluss die Sahne zugeben, verrühren und zu einer sämigen Konsistenz verkochen. Durch ein feines Sieb passieren und warm stellen.

Die Äpfel schälen, vierteln, das Kerngehäuse herausschneiden und in zwanzig gleichmäßige Spalten schneiden. Die restliche Butter in einer Pfanne erhitzen, die Apfelspalten darin auf beiden Seiten goldbraun braten und mit dem restlichen Quitten-Aperitifessig ablöschen. Kurz köcheln lassen, bis die Äpfel nicht mehr zu fest sind und der Essig mit dem Bratsatz karamellisiert ist.

Anrichten Die Kartoffelrollen in etwa 1,5 Zentimeter dicke Scheiben schneiden und in Butter von beiden Seiten gleichmäßig goldbraun anbraten. Die Sauce in die Mitte angewärmter Teller geben, die Apfelspalten sternförmig anlegen und die Schweinelende in die Mitte geben. Das Wirsinggemüse und die frischen Kartoffelplätzchen dazugeben und heiß servieren.

Jürgen Katzenmeier (→ Seite 117) empfiehlt dazu ein Glas des hauseigenen Quitten-Aperitifessigs oder ein Glas Apfelwein – natürlich pur getrunken!

LAMMKARREE AUF FENCHEL-RATATOUILLE MIT PAUNZEN UND APFELSHERRY-SAUCE

Für 4 Personen

Apfelsherry-Sauce

1,4 kg Lammknochen • 120 g Karotte • 120 g Sellerie • 120 g Zwiebel • 3 EL Öl • ¾ EL Tomatenmark • 350 ml halbtrockener Apfelsherry „Krenzer's Apfel-Dessertwein" • 3 Lorbeerblätter • 1 EL schwarze Pfefferkörner • 4 Nelken • 1 EL Senfsaat • 3 Thymianzweige • 3 Rosmarinzweige • 3 Knoblauchzehen • 50 ml Sahne • 80 g Crème fraîche

Paunzen

500 g vorwiegend festkochende Kartoffeln • 1 Ei • Muskatnuss • 150 g Mehl • Bratfett • Salz, frisch gemahlener Pfeffer

Fenchel-Ratatouille

900 g Fenchel • 2 Tomaten • Bratfett • 1 Schalotte • ½ Stange Bleichsellerie • 10 g gehackte glatte Petersilie • 60 ml Tomatensauce

Lammkarree

800–1000 g Lammkarree • Mehl • 1–2 EL Öl zum Anbraten • Salz, frisch gemahlener Pfeffer

Apfelsherry-Sauce Die Knochen in einem Topf anrösten und wieder herausnehmen. Das Gemüse schälen, in haselnussgroße Stücke schneiden und in dem Topf in etwas Öl dunkel anbraten. Das Tomatenmark hinzugeben und mit anbraten. Achtung, das Tomatenmark darf nicht schwarz werden, da es sonst bitter schmeckt. Nun mit 250 Millilitern Apfelsherry zweimal ablöschen. Den Rest des Apfelsherrys für später aufheben. Die Knochen wieder in den Topf geben und mit kaltem Wasser auffüllen. Einmal aufkochen lassen, den aufsteigenden Schaum dabei immer wieder abschöpfen. Die Temperatur reduzieren und die Sauce leicht köcheln lassen. Mit Lorbeerblättern, schwarzem Pfeffer, Nelken, Senfsaat, Thymian- und Rosmarinzweigen und den Knoblauchzehen 3 Stunden köcheln lassen.

Danach die Sauce in einen anderen Topf absieben, das an der Oberfläche schwimmende Fett abschöpfen und die Sauce um ein Drittel reduzieren. Zum Schluss Crème fraîche, Sahne und den übrigen Apfelsherry hinzugeben und noch einmal aufkochen lassen. Wenn die Sauce zu flüssig ist, mit etwas Saucenbinder eindicken.

Paunzen Die Kartoffeln kochen, pellen und auskühlen lassen. Durch eine Kartoffelpresse drücken und mit Ei, Muskat, Salz und Pfeffer leicht verrühren. Nach und nach das Mehl unterkneten, bis eine Masse entsteht. Den Teig vor dem Verarbeiten nicht zu lange stehen lassen, da die Masse sonst Wasser zieht und es schwierig wird, sie zu verarbeiten. Aus dem Teig nun fingerdicke Rollen formen und diese in etwa 1,5 Zentimeter lange Stücke schneiden. In einer Pfanne in etwas Fett goldbraun angebraten. Die Paunzen lassen sich auch gut vorbereiten und einfrieren. Bei Bedarf einfach anbraten.

Fenchel-Ratatouille Das Grün vom Fenchel entfernen und die einzelnen Blätter vom Strunk abziehen. Waschen und danach in feine Würfel schneiden. Den Strunk der Tomaten herausschneiden und am Blütenansatz über Kreuz einritzen. Mit kochendem Wasser überbrühen. Wenn die Haut beginnt sich zu lösen, in kaltem Wasser abschrecken. Tomaten häuten, vierteln, das Kerngehäuse entfernen und in Würfel schneiden.

Den Fenchel in einer Pfanne in etwas Fett anbraten. Die Schalotte schälen, fein würfeln und zugeben. Bleichsellerie klein schneiden und kurz mitbraten. Mit Salz und Pfeffer würzen, die Tomatenwürfel, die gehackte Petersilie und die Tomatensauce einrühren und etwas kochen lassen.

Lammkarree Den Backofen auf 180 °C vorheizen. Die Silberhäutchen vom Lammkarree entfernen, das Fleisch mit Salz und Pfeffer würzen und leicht mehlieren. In einer heißen Pfanne von beiden Seiten in Öl anbraten und danach im vorgeheizten Backofen 5 Minuten fertig garen.

Anrichten Das Lammkarree in die Mitte der Teller setzen, das Fenchel-Ratatouille danebengeben und die Paunzen rund herum verteilen. Mit etwas Apfelsherry-Sauce beträufeln und servieren.

Michael Stöckl (→ Seite 139) empfiehlt dazu „Stöckl's Goldparmäne 2010" mit der Geschmacksrichtung herb (nicht trocken, ist für Apfelwein nicht erlaubt). Er hat einen fein-nussigen Duft mit reifem Apfelaroma und eine harmonische Säure mit kräftigem Nachhall. Der Grauburgunder unter den Apfelweinen.

RHÖNER LAMMFLEISCHTIEGEL IN APFELWEIN UND HONIG

Für 4 Personen

Apfelwein-Honig-Beize
1 l kräftiger Apfelwein (z. B. vom Boskoop oder Bohnapfel)
120 g Rhöner Honig ▪ 2 EL Apfelessig ▪ 1 TL Salz
1 Thymianzweig (alternativ 1 EL getrockneter, gerebelter Thymian)

Lammfleischtiegel
600 g Keulenfleisch vom Lamm ▪ 150 g Zwiebeln ▪ Raps- oder Sonnenblumenöl zum Anbraten ▪ 1 EL Tomatenmark ▪ 50 g Weizenvollkornmehl ▪ 150 g Wurzelgemüse (z. B. Karotten, Sellerie, Lauch) ▪ 2 säurebetonte Äpfel (z. B. Boskoop) ▪ 1 Rosmarinzweig ▪ 1 Thymianzweig ▪ Honig ▪ Apfelwein ▪ Salz, frisch gemahlener Pfeffer

Anrichten
500 g breite Rhönnudeln (z. B. vom Geflügelhof Bleuel aus Hofbieber) ▪ Borretschblüten ▪ Frühlingszwiebelringe

Apfelwein-Honig-Beize Alle Zutaten für die Beize in einem Topf aufkochen und wieder erkalten lassen. Die Beize mit dem Fleisch in einen Tontopf legen.

Lammfleischtiegel Das Lammkeulenfleisch in etwa 2 Zentimeter große Würfel schneiden und über Nacht in der Beize marinieren.

Das Fleisch in ein Sieb geben und die Beize in einer Schüssel auffangen. Die Zwiebeln schälen und fein würfeln. Das Fett in einer großen Pfanne erhitzen und das Fleisch mit den Zwiebelwürfeln darin anbraten. Mit ein wenig Beize ablöschen, Tomatenmark hinzugeben und kurz anschwitzen. Das Mehl einstäuben und mit der restlichen Beize auffüllen. Etwa 40–60 Minuten schmoren lassen. Das Wurzelgemüse schälen, gegebenenfalls waschen und in feine Streifen schneiden. 10 Minuten vor Ende der Garzeit die Gemüsestreifen hinzufügen. Die Äpfel ebenfalls waschen, entkernen und in feine Streifen schneiden. Die Kräuter waschen, trocken schütteln und fein hacken. Äpfel mit den Gewürzen und Kräutern zugeben und mit Honig und Apfelwein abschmecken.

Anrichten Die Nudeln in ausreichend kochendem Salzwasser bissfest garen, abschütten und auf die Teller verteilen. Den Lammtiegel dazugeben und mit Borretschblüten und Frühlingszwiebelringen ausgarnieren.

Jürgen Krenzer (→ Seite 113) empfiehlt dazu ein Glas sortenreinen Apfelwein, z. B. von der Karmeliterrenette oder der Roten Sternrenette.

KANINCHENBRATEN IN APFELWEIN MIT THÜRINGER KLÖSSEN

Für 4 Personen

Kaninchenbraten in Apfelwein
1 ganzes küchenfertiges Hauskaninchen   100 g geräucherte, fette Speckstreifen   750 ml trockener, sortenreiner Boskoop-Apfelwein aus der Obstweinkellerei Röttelmisch   100 ml Sahne   Salz, frisch gemahlener Pfeffer

Thüringer Klöße
ca. 7 kg Kartoffeln   1 großes Brötchen   2 EL Bratfett   Salz

Kaninchenbraten in Apfelwein Ein ganzes küchenfertiges Kaninchen – möglichst frisch geschlachtet – mit Speck spicken. Dazu kleine Speckstreifen mithilfe eines sehr spitzen, scharfen Messers ins Fleisch schieben. Das gespickte Kaninchen im Ganzen oder zerteilt in zwei Hälften in eine große Schüssel legen und mit Apfelwein übergießen. Über Nacht einlegen und zwischendurch mehrfach wenden.

Am nächsten Morgen den Backofen auf 200 °C vorheizen, das Kaninchen aus der Schüssel nehmen und reichlich salzen. Die Hälfte des Apfelweins vom Einlegen beiseitestellen. Einen großen Bräter zu einem Drittel mit Wasser füllen, das Wasser leicht salzen und das Kaninchen hineingeben. Im Backofen etwa 1 ½–2 Stunden schmoren, zweimal wenden und dabei immer wieder mit der sich bildenden Sauce begießen. Gegen Ende der Schmorzeit den beiseitegestellten Apfelwein zugießen.

Das Kaninchen nach Ende der Schmorzeit zum Fertigbräunen in den Bräterdeckel geben und im Backofen bei 120–150 °C warm halten. Den Bratensaft in dem Bräter auf dem Herd zum Kochen bringen, mit Salz und Pfeffer würzen und mit der Sahne andicken. Für eine sämige Konsistenz 1 Esslöffel Mehl mit etwas Wasser anrühren und in die köchelnde Sauce geben.

Thüringer Klöße Kartoffeln schälen und mit Wasser bedeckt halten, um eine Oxidation und Braunfärbung zu verhindern. Etwa ein Drittel der geschälten Kartoffeln als Salzkartoffeln kochen. Gleichzeitig einen großen Topf mit gesalzenem Wasser zum Kochen aufsetzen, in dem die Klöße gut schwimmen können. Man rechnet hier eine Zeitstunde, bis die Klöße zum Köcheln in den Topf kommen.

Die rohen Kartoffeln entweder mit einer speziellen Zentrifuge gleichzeitig reiben und auspressen lassen, sodass man eine trockene Masse hat, oder per Hand reiben und auspressen. Durch die Oxidation kann die Masse dann etwas braun werden. Die gekochten Kartoffeln abgießen, sehr fein zerstampfen und noch sehr heiß auf die trockene Kartoffelmasse geben. Gründlich zu einer homogenen Masse schlagen und rühren. Nach Geschmack reichlich salzen.

Die Brötchen in etwa daumennagelgroße Würfel schneiden und im Bratfett rösten. Mit der Hand Klöße aus der Masse formen und etwa vier der Brotwürfel „Büffchen" genannt, in jeden Kloß geben. Ins kochende Wasser gleiten lassen. Wenn alle Klöße im Wasser sind, die Hitze reduzieren – am besten auf eine andere Herdplatte stellen – und 20 Minuten garen lassen.

Anrichten Das Kaninchen tranchieren. Die Klöße auf dem Teller zerreißen und dann die Sauce und das Fleisch dazugeben.

Alexander Pilling (→ Seite 69) empfiehlt dazu den trockenen, sortenreinen Boskoop-Apfelwein aus der Obstweinkellerei Röttelmisch.

HIRSCHRÜCKENMEDAILLONS MIT APFEL-SENF-KRUSTE AUF WACHOLDER-SPEIERLING-SAUCE

Für 4–5 Personen

Kartoffelkrapfen
1 kg mehligkochende Kartoffeln • 125 ml Milch • 30 g Butter • 65 g Mehl • 2 Eier • Muskat, Salz, frisch gemahlener Pfeffer

Gemüsebeilage
1 kg marktfrisches Wintergemüse (z.B. Rosenkohl, Karotten, Sellerie, Kohlrabi und Steckrüben)

Apfel-Senf-Kruste
100 g getrocknete Apfelchips • 3 EL Tafelsenf • 50 g Butter • 30 g Paniermehl • Salz, frisch gemahlener Pfeffer

Wacholder-Speierling-Sauce
400 ml Schuch's Apfelwein mit echtem Speierling • 100 ml Apfelsaft • 5 Wacholderbeeren • 3 Pimentkörner • 1 Lorbeerblatt • 500 ml Bratensaft • 100 g Schmand • Kartoffelstärke

Hirschrückenmedaillons
1 kg Hirschrücken (ohne Knochen) • Bratfett • Salz, frisch gemahlener Pfeffer

Anrichten
500 g Bratfett • 45 g Butter • Zucker, Salz, frisch gemahlener Pfeffer

Kartoffelkrapfen Kartoffeln kochen, pellen, klein schneiden und heiß durch die Kartoffelpresse drücken. Für den Brandteig die Milch mit der Butter und 1 Prise Salz aufkochen, das Mehl auf einmal dazugeben und mit dem Holzlöffel rühren, bis sich der Brandteig abbrennt und sich ein weißlicher Belag am Topfboden bildet. Die Eier nacheinander einzeln unterrühren und die durchgedrückten Kartoffeln in den Teig einarbeiten. Mit Salz, Pfeffer und Muskat abschmecken. Nocken abstechen, auf Backpapier setzen und kalt stellen.

Gemüsebeilage Das Gemüse gegebenenfalls schälen und putzen. In kochendem, leicht gesalzenen Wasser blanchieren und mit Eiswasser abschrecken.

Apfel-Senf-Kruste Die Apfelchips sehr klein hacken und mit Senf, Butter, Paniermehl, Salz und Pfeffer mithilfe des Handrührgeräts zu einer formbaren Masse verarbeiten.

Wacholder-Speierling-Sauce Apfelwein und Apfelsaft zusammen mit Wacholderbeeren, Piment und Lorbeerblatt in einem Topf geben und auf ein Drittel einkochen lassen. Die Gewürze entnehmen, Bratensaft und Schmand zugeben und mit Kartoffelstärke leicht abbinden. Warm halten.

Hirschrückenmedaillons Den Hirschrücken parieren und in Medaillons von etwa 90–100 Gramm portionieren. Mit Salz und Pfeffer würzen und in einer Pfanne in etwas Bratfett scharf anbraten.

Anrichten Den Ofen auf 180 °C vorheizen. Die vorbereiteten Hirschrückenmedaillons mit der Apfel-Senf-Masse dressieren und im Ofen etwa 10 Minuten fertig garen. Das blanchierte Wintergemüse mit etwas Butter in einer Schwenkpfanne erhitzen und mit Salz, Pfeffer und 1 Prise Zucker abschmecken. Die Kartoffelnocken bei 180 °C schwimmend in Fett ausbacken und auf Küchenpapier das überschüssige Fett abtropfen lassen. Die Hirschmedaillons auf die Teller verteilen. Gemüse und Kartoffelnocken dazugeben und mit der Sauce nappiert servieren.

Jürgen Schuch (→ Seite 65) empfiehlt dazu den Apfelrotwein „2010 Bad Zwestener Kurgarten" vom Boskoop und der Goldparmäne mit Speierling, Schlehen und Wacholderbeeren.

APFELSORBET IN APFELWEINSÜPPCHEN

Für 3 Personen

Apfelsorbet
200 ml „Emmily A-Secco" von Clostermanns   200 g Zucker   1 Apfel
2 EL Zitronensaft

Apfelweinsüppchen
2 Eigelb   50 g Zucker   Saft von 2 Zitronen   400 ml „Linus A-Secco" von Clostermanns   1 Zimtstange   1 EL Mehl

Gedünstete Apfelscheiben
1 Apfel (z. B. Boskoop oder Glockenapfel)   Saft von 1 kleinen Zitrone
1 TL Butter   1 TL Zucker   Apfelsaft von van Nahmen

Im Restaurant Lippeschlösschen spielen regionale Produkte und nachhaltiges Wirtschaften die Hauptrollen. Gemüse, Salate, Apfelsekt und Fleisch, beispielsweise von der alten Schweinerasse Bunte Bentheimer, werden deswegen von regionalen Produzenten bezogen. In der Küche sorgt Chefkoch **Dirk Pollert** für die schonende und raffinierte Zubereitung dieser kulinarischen Schätze. Für **Rolf und Thea Clostermann** (→ Seite 105) zaubert er Lachs aufs Salatbett und ein zartschmelzendes Apfelsorbet – alles mit dem prickelnden Apfel-Rosen-Sekt vom benachbarten Demeter-Betrieb Clostermann, versteht sich.
www.lippeschloesschen.de

Apfelsorbet Emmily A-Secco mit dem Zucker aufkochen und erkalten lassen. Den Apfel waschen, fein reiben und mit dem Zitronensaft unterrühren. In eine Sorbetiere füllen und zu Sorbet verarbeiten oder in einem Plastikbehältnis einfrieren, dabei mehrmals umrühren.

Apfelweinsüppchen Eigelb mit Zucker und Zitronensaft im Wasserbad aufschlagen. Den A-Secco mit der Zimtstange und 100 Millilitern Wasser aufkochen und etwa um die Hälfte reduzieren lassen, dann passieren. Den reduzierten Fond langsam nach und nach in die Ei-Masse geben, weiter aufschlagen, bis die Masse cremig ist. Zum Schluß das Mehl dazugeben, noch mal durchrühren und die Masse in kaltem Wasser kühl schlagen.

Gedünstete Apfelscheiben Den Apfel schälen, entkernen und in feine Scheiben schneiden. Mit Zitronensaft beträufeln, damit sie nicht braun werden. In einem Topf Butter und Zucker kurz anbräunen, die Apfelscheiben zugeben und mit ein wenig Apfelsaft ablöschen. Deckel auflegen und bei mittlerer Hitze in wenigen Minuten weich dünsten.

Anrichten Das Apfelsüppchen in die Teller verteilen und das Sorbet dazugeben. Mit Johannisbeeren, gedünsteten Apfelscheiben und Borretschblüten ausgarnieren.

FRANKFURTER APFELWEINSÜPPCHEN

Für 4–5 Personen

Frankfurter Apfelweinsüppchen
600 ml trockener Apfelwein (z. B. Jens Beckers Hausschoppen) • 150 ml naturtrüber Apfelsaft, sortenrein gekeltert (z. B. vom weißen Wintertaffet, Kelterei Rote Pumpe, Bad Nauheim) • ½ Zimtstange • ½ Vanillestange • 50 g Zucker • 3 säuerliche Äpfel (z. B. Schneiders Heuchelheimer Schneeapfel) • etwas abgeriebene Zitronenschale • 30 g Stärke, mit etwas Apfelwein angerührt

Eischnee-Nocken
2 Eiweiß • 100 g Kristallzucker • ½ Päckchen Vanillezucker

Frankfurter Apfelweinsüppchen Den Apfelwein mit Apfelsaft, Zimt- und Vanillestange und Zucker aufkochen. Währenddessen die Äpfel waschen, entkernen und in kleine Würfel schneiden. Die Apfelwürfel mit dem Zitronenabrieb zugeben, kurz mitkochen und mit der Stärke abbinden. Die Vanille- und Zimtstangen entfernen und die Suppe in tiefe Teller oder Glasschalen füllen. Die Apfelweinsuppe kann auch kalt gestellt und als Kaltschale serviert werden.

Eischnee-Nocken Das Eiweiß sehr steif schlagen, dabei löffelweise den Zucker und den Vanillezucker zugeben.

Anrichten Mit zwei Teelöffeln kleine Nocken aus dem Eischnee stechen und je vier bis fünf auf die Apfelweinsuppe setzen. Sofort servieren.

VERSOFFENER APFELKUCHEN

Teig
100–125 g Margarine • 125 g Zucker • 2–3 Eier • Abrieb von ½ Zitrone • 1 Prise Salz • 200 g Mehl • 2 gestr. TL Backpulver • 2–4 EL Milch • 2 cl Eierlikör • 2 cl Dirker'scher Apfelbrand aus dem Holzfass

Belag
3–4 mittelgroße Äpfel (vorzugsweise Boskoop oder Elstar)

Teig Die Zutaten zu einem geschmeidigen Teig verarbeiten und in eine gefettete Springform (Ø 26 Zentimeter) geben. Den Backofen auf 180 °C Umluft vorheizen.

Belag Die Äpfel schälen, entkernen und vierteln. Der Länge nach einschneiden und in den Teig setzen. Bei 180-200 °C auf der zweiten Schiene von unten 40 Minuten backen.

Arno Dirker (→ Seite 83) empfiehlt dazu einen Kir, gemischt aus „Bohnapfelsekt" und „Apfelstrudellikör".

BESCHWIPSTES APFELTIRAMISU

Rezept für 4–6 Personen

200 g Löffelbiskuit 100 ml halbtrockener „ApfelSherry" von Jürgen Krenzer 400 g Schmand 400 g Quark 400 g Joghurt
100 g zartbittere Blockschokolade mit hohem Kakaoanteil etwas Honig
2 Streuobstäpfel (z. B. Rote Sternrenette oder Dülmener Herbstrosenapfel)
2 EL Kakao

Die Hälfte der Löffelbiskuits in eine hohe Form legen und mit der Hälfte des ApfelSherrys beträufeln.

Schmand, Joghurt, Quark und Honig miteinander verrühren. Die Blockschokolade hacken und mit dem restlichen Sherry unterheben. Die Äpfel waschen, vierteln, entkernen und klein schneiden. In die Masse geben und gut verteilen.

Die Hälfte der Masse auf die Biskuits geben und mit einer Schicht Löffelbiskuit belegen. Den Rest der Masse darübergeben und mit dem Kakao bestäuben. Mindestens 2 Stunden im Kühlschrank durchziehen lassen.

Jürgen Krenzer (→ Seite 113) empfiehlt dazu Krenzers edelsüßen „ApfelSherry aus dem Whiskyfass 3.0" und einen Espresso.

GEBRENNDI EBBELWOICREME

Für 6 Personen

1 Vanilleschote 500 ml Vollmilch 500 ml Apfelwein 5 Eigelb
3 Eier 120 g Zucker 6 EL Rohrzucker 125 ml Sahne

Die Vanilleschote längs aufschneiden, das Mark herauskratzen und beides zusammen mit der Milch und dem Apfelwein aufkochen.

Eigelb, Eier und Zucker verrühren und in die aufgekochte Flüssigkeit einrühren. Durch ein feines Sieb gießen, damit die Eiweißflocken und die Vanilleschote entfernt werden, und in flache, feuerfeste Förmchen füllen.

Die Schälchen auf ein Backblech stellen und diese zu zwei Dritteln mit Wasser füllen. Bei 180 °C etwa 20 Minuten im Backofen stocken lassen. Anschließend kalt stellen.

Zum Servieren mit Rohrzucker bestreuen, mit dem Gourmetbrenner karamellisieren und nach Belieben mit frisch geschlagener, ungezuckerter Sahne servieren.

Jürgen Katzenmeier (→ Seite 117) empfiehlt dazu den Apfelweinaperitif „Bohnelle" von Dieter Walz, aus Bohnapfelsaft und Bohnapfelbrand von Odenwälder Streuobstwiesen im Eichenfass gereift, oder ein Glas „EisApfel" von Jörg Geiger, ein sortenreiner, teilvergorener Apfelwein und eine echte Besonderheit von den Streuobstwiesen des Albvorlands.

ODENWÄLDER APFELSCHAUMWEINTORTE „CHARLOTTE"

Biskuithaube
1 Biskuitboden nach Belieben (ø 26 cm) ▪ 200 g Erdbeermarmelade

Apfelschaumweincremefüllung
2 Haushaltstütchen gemahlene Gelatine à 9 g ▪ 200 ml Apfelschaumwein (z. B. Apfelwalzer oder Apfel-Prinzessin, Peter Merkel) ▪ 110 g Zucker ▪ 3 Eigelb ▪ 500 ml Sahne

Fertigstellen
100 g Apfelgelee

Peter Merkel (→ Seite 200) empfiehlt dazu ein Glas „Apfelwalzer" – ein trockener Odenwälder Apfelschaumwein – oder, wenn es eine Kaffeespezialität sein soll, einen Apfel-Espresso (Espresso mit 1 cl Apfelbrand und Sahnehäubchen, serviert mit braunem Zucker).

Wer möchte, kann auch gerne das Apfelschaumweintorten-Seminar besuchen. Es findet immer im März und Oktober jeweils mittwochs ab 14.30 Uhr statt. Eine Anmeldung ist erforderlich.

Biskuithaube Als erstes eine Schüssel (ø ca. 25 Zentimeter, Höhe ca. 12 Zentimeter) mit Backpapier ausgelegen. Dazu die Schüssel mit der Öffnung nach unten auf ein großes Stück Backpapier legen und mit einem Bleistift um die Schüssel herum malen. Die Schüssel wieder umdrehen und mit dem Boden genau in die Mitte des Kreises setzen, erneut mit dem Bleistift außen herum malen. Den äußeren Kreis mit einer Zugabe von etwa 4 Zentimetern ausschneiden, dann rundum von außen bis zum Rand des mittleren Kreises einschneiden. Die Schüssel mit Öl auspinseln, dann das Backpapier hineinlegen.

Von dem ausgekühlten Biskuitboden zwei dünne Böden abschneiden. Einen davon mit Erdbeermarmelade bestreichen und den anderen darauflegen. In der Mitte auseinanderschneiden, eine Hälfte wieder mit Erdbeermarmelade einstreichen und erneut zusammenklappen. In dünne Streifen schneiden und die vorbereitete Schüssel damit auslegen.

Apfelschaumweincremefüllung Die gemahlene Gelatine in kaltem Wasser einweichen. Währenddessen Wasser in einem kleinen Topf aufkochen und leicht köcheln lassen. In einer Edelstahlschüssel den Apfelschaumwein mit dem Zucker und dem Eigelb über dem vorbereiteten Wasserbad 4–5 Minuten schaumig schlagen. Schüssel vom Wasserbad nehmen und die Gelatine unter Rühren darin auflösen. Die Sahne steif schlagen und unterheben. Die Masse in die Schüssel mit dem Biskuitboden geben und 6 Stunden kalt stellen.

Fertigstellen Den Rest des Biskuitbodens auf die Größe der Schüssel zurechtschneiden und mit Erdbeermarmelade bestreichen. Mit der Marmeladenseite auf die schon angezogene Schaumweinmasse legen. Das Papier am Rand lockern und die Charlotte auf eine Tortenplatte stürzen. Papier abziehen und die Torte dünn mit Apfelgelee einpinseln. Ist das Gelee zu fest, mit Saft verdünnen oder erwärmen.

Adressverzeichnis

Der Norden

Schleswig-Holstein

Dolleruper Destille
Manfred und Brigitte Weyrauch
Neukirchener Weg 8a
24989 Dollerup
T 0 46 36 / 97 60 30
www.alles-apfel.de
→ Seite 91

Hamburg

most of apples
Bernd Gerstacker und Christiane Walter
Niessenstraße 8
20251 Hamburg
T 0 40 / 48 61 50
www.mostofapples.de
www.appleslounge.de
→ Seite 17

Der Westen

Nordrhein-Westfalen

Demeter-Obstplantagen Clostermann
Rolf und Thea Clostermann
Neuhollandshof
Jöckern 2
46487 Wesel-Bislich
T 0 28 59 / 3 25
www.bio-obst-clostermann.de
→ Seite 105

Obstkelterei van Nahmen KG
Rainer van Nahmen und Dr. Peter van Nahmen
Diersfordter Straße 27
46499 Hamminkeln
T 0 28 52 / 53 35
www.vanNahmen.de
→ Seite 31

Rheinland-Pfalz

Apfelgut Zimmermann
Peter Zimmermann
Bahnhofstraße 36
67157 Wachenheim a. d. Weinstraße
T 0 63 22 / 82 20
www.apfelgut-zimmermann.de
→ Seite 43

Saarland

Apfelgut und Bio-Obstbau Schmitt
Wolfgang und Therese Schmitt
Saarmühlenstraße 57
66663 Merzig-Menningen
T 0 68 61 / 7 76 14
www.apfelanbau-schmitt.de
→ Seite 73

Die Mitte

Hessen

Kelterei Elm
Harald Elm
Am Weiher 7
36103 Flieden
T 0 66 55 / 9 80-0
www.kelterei-elm.de
www.vitaverde.org
→ Seite 27

Rhönschaf-Hotel „Krone" und Schaukelterei
Jürgen Krenzer
Eisenacher Straße 24
36115 Ehrenberg-Seiferts / Rhön
T 0 66 / 8 39 63 40
www.rhoenerlebnis.de
→ Seite 113

Kellerei und Brennerei Döhne
Joachim Döhne
Hauptstraße 31
36205 Schauenburg-Breitenbach
T 0 56 01 / 44 86
www.kellerei-doehne.de
→ Seite 97

DasEis.
Karim Teufel und Guido Jörg
Hasengasse 1–3
60311 Frankfurt
T 0 69 / 7 47 31 40
www.daseis.eu
→ Seite 127

JB Apfelweinhandlung
Jens Becker
Bornheimer Landstraße 18
60316 Frankfurt
T 01 76 / 35 42 42 35
www.apfelweinhandlung.de
→ Seite 21

Obsthof am Steinberg
Andreas Schneider
Am Steinberg 24
60437 Frankfurt Nieder-Erlenbach
T 0 61 01 / 4 15 22
www.obsthof-am-steinberg.de
→ Seite 51

Die Seifenmanufaktur
Elke Simmel und Karin Huber
Heddernheimer Landstraße 1
60439 Frankfurt
T 0 69 / 95 20 81 57
www.die-seifenmanufaktur.de
→ Seite 131

Schuch´s Restaurant
Jürgen Schuch
Alt-Praunheim 11
60488 Frankfurt
T 0 69 / 76 10 05
www.schuchs-restaurant.de
→ Seite 65

Großfeld – Gastraum der Sinne
André Großfeld
Erbsengasse 16
61169 Friedberg-Dorheim
T 0 60 31 / 7 91 89 09
www.andre-grossfeld.de
→ Seite 152

ApfelWeinBistrorant Landsteiner Mühle
Michael Stöckl
Landstein 1
61276 Weilrod
T 0 60 83 / 3 46
www.landsteiner-muehle.de
→ Seite 139

Leif Besselmann
Bommersheimer Straße 93
61440 Oberursel
T 0 61 71 / 20 72 74
www.besselmann.biz
→ Seite 161

Villa Rothschild
Christoph Rainer (Küchenchef)
Im Rothschildpark 1
61462 Königstein
T 0 61 74 / 29 02 90 88 50
www.villa-rothschild.com
→ Seite 156

Evert Kornmayer
Paul-Ehrlich-Straße 28
63322 Rödermark
T 0 60 74 / 4 83 41 70
www.verlag-kornmayer.de
→ Seite 129

Kelterei Jörg Stier
Am Kreuzstein 25
63477 Maintal
T 0 61 09 / 6 50 99
www.kelterei-stier.de
→ Seite 133

Landkelterei Höhl
Dr. Johanna Höhl
Konrad-Höhl-Straße 10
63477 Maintal
T 0 61 81 / 40 99 52
www.pomp-hoehl.de
www.apfelcompagnie.de
→ Seite 101

Edelbrennerei Dirker
Arno Dirker
Alzenauer Straße 108
63776 Mömbris-Niedersteinbach
T 0 60 29 / 77 11
www.edelbrennerei-dirker.de
→ Seite 83

Gasthaus zur Freiheit
Jürgen Katzenmeier
Freiheitsstraße 20
64385 Reichelsheim
T 0 61 64 / 10 32
www.zurfreiheit.de
→ Seite 117

BEMBEL-WITH-CARE GbR
Benedikt Kuhn und Kjetil Dahlhaus
Kiefernweg 9
64646 Heppenheim
www.BEMBEL-WITH-CARE.de
→ Seite 13

Landgasthaus Zum Kreiswald
Gerhard Fritz
Im Kreiswald 9
64668 Rimbach
T 0 62 53 / 97 21 46
www.kreiswald.de
→ Seite 87

Odenwald-Sterne-Hotel Dornrös'chen
Peter und Carola Merkel
Annelsbacher Tal 43
64739 Höchst-Annelsbach
T 0 61 63 / 24 84
www.dornroeschen-annelsbach.de
→ Seite 55

Restaurant Ente im Hotel Nassauer Hof
Michael Kammermeier (Küchenchef)
Kaiser Friedrich Platz 3-4
65183 Wiesbaden
T 06 11 / 1 33-0
www.nassauer-hof.de
→ Seite 148

Der Osten

Thüringen

Obstweinkellerei Hof Röttelmisch
Alexander Pilling
Röttelmisch Nr. 23
07768 Gumperda
T 03 64 22 / 2 24 98
www.roettelmisch-hof23.de
→ Seite 69

Der Süden

Bayern

allfra Regionalmarkt Franken GmbH
Rudolf Schwab
Zum Kindergarten 7
91726 Gerolfingen
T 0 98 54 / 9 79 98 55
www.allfra.de
→ Seite 77

Baden-Württemberg

Amüs Gäu
Claudia Schmucker-Arold und Heidi Dimde
Rigipsstraße 5
71083 Herrenberg-Gültstein
T 0 70 32 / 79 69 81
www.amues-gaeu.de
→ Seite 35

Manufaktur Jörg Geiger
Jörg Geiger
Eschenbacher Straße 1
73114 Schlat bei Göppingen
T 0 71 61 / 99 90 20
www.manufaktur-joerg-geiger.de
→ Seite 121

Rezeptverzeichnis

Die Spitzenköche

Michael Kammermeier, Restaurant Ente ▪ 148
Handkäseschaum mit Perlzwiebeln, Rosinen und Apfelessig ▪ 149
Hirschrücken mit Apfel-Blutwurst-Kaiserschmarrn und Spitzkohl ▪ 150
Geräucherter Bachsaibling mit Apfel-Meerrettich-Creme und Belugalinsen ▪ 151

André Großfeld, Gastraum der Sinne ▪ 152
Schweinelende mit Dörrapfel gefüllt auf Petersilienwurzelpüree ▪ 153
Gebratene Steinpilze mit gefüllten Grießknödeln, gebratenen Äpfeln und Steinpilzschaum ▪ 154

Christoph Rainer, Villa Rothschild ▪ 157
Karamellisierte Crème vom Apfelwein ▪ 157
Apfel-Mojito ▪ 158

Leif Besselmann ▪ 161
Geeister Apfel-Cappuccino ▪ 162
Salat vom pochierten Apfel mit altem Balsamico ▪ 162
Crème brûlée mit glasiertem Apfel ▪ 163

Vorspeisen und kleine Gerichte

Kalte Apfel-Wasabi-Suppe ▪ 166
Ziegenfrischkäse mit Pommeau-Apfelkompott und Wildschweinschinken ▪ 166
Lachstranche an Salat mit Apfelperlwein-Dressing und Kartoffel-Kräuter-Plätzchen ▪ 169
Wildkräutersalat mit gebratenen Pilzen und Apfelchutney ▪ 170
Apfel-Meerrettich-Suppe mit Forellenstreifen ▪ 171
Handkäse mit Apfelmusik ▪ 172
„Himmel un Erd" mit Zwiebel-Bratapfel ▪ 174
Linsensalat mit Birnenbalsamessig und getrockneter Blutwurst ▪ 175
Zander auf Apfellinsen ▪ 176
Zander mit karamellisierten Apfelschuppen an Salat ▪ 177

Hauptspeisen

Saiblingsfilet mit Risotto und Wildkräuterpesto ▪ 178
POMP-Risotto ▪ 180
Apfelweinhähnchen ▪ 181
Schweinelende mit karamellisierten Äpfeln, Kartoffelplätzchen und Wirsinggemüse ▪ 182
Lammkarree auf Fenchel-Ratatouille mit Paunzen und Apfelsherry-Sauce ▪ 184
Rhöner Lammfleischtiegel in Apfelwein und Honig ▪ 186
Kaninchenbraten in Apfelwein mit Thüringer Klößen ▪ 187
Hirschrückenmedaillons mit Apfel-Senf-Kruste auf Wacholder-Speierling-Sauce ▪ 188

Desserts und Kuchen

Apfelsorbet in Apfelweinsüppchen ▪ 191
Frankfurter Apfelweinsüppchen ▪ 192
Versoffener Apfelkuchen ▪ 192
Beschwipstes Apfeltiramisu ▪ 193
Gebrenndi Ebbelwoicreme ▪ 193
Odenwälder Apfelschaumweintorte „Charlotte" ▪ 195

Zutatenregister

Apfel 150, 151, 154, 158, 162, 163, 166, 169, 170, 171, 172, 174, 176, 177, 178, 181, 182, 186, 188, 191, 192, 193
Apfelbalsamessig 150, 170, 175
Apfelbrand 176, 181, 193
Apfelchutney 170
Apfeldigestif 166
Apfelessig 149, 151, 169, 172, 177, 186
Apfelperlwein 169, 191
Apfelsaft 157, 158, 162, 166, 171, 176, 181, 188, 191, 192
Apfelschaumwein 158, 178, 180, 195
Apfelsherry 154, 184, 193
Apfelwein 153, 154, 157, 162, 172, 177, 178, 181, 186, 187, 188, 191, 192
Bachsaibling 151
Belugalinsen 151
Biskuit 155
Blutwurst 150, 174, 175
Bratapfel 174
Brathähnchen 181
Calvados 157, 162, 166
Dörrapfel 153
Fenchel 184
Forelle 171
Grieß 154
Grüne Sauce 154
Handkäse 149, 172
Hirschrücken 150, 188
Honig 177, 186, 193
Ingwer 170, 177
Kaninchen 187
Kartoffel 151, 153, 169, 174, 175, 182, 184, 187, 188
Lachs 169
Lamm 184, 186
Linsen 151, 175, 176
Löffelbiskuit 193
Marmelade 195
Meerrettich 151, 171
Perlzwiebel 149
Pesto 178
Petersilienwurzel 153
Pilze 154, 170
Quatre épices 150
Räuchermehl 151
Risottoreis 154, 178, 180
Safran 180
Schokolade 193
Schweinelende 153, 182
Sellerie 151, 175, 184, 186, 188
Senf 188
Speck 153, 187
Speierling 188
Spitzkohl 150
Steinpilze 154
Verjus 166
Wacholder 151, 188
Wasabipaste 166
Wildgewürz 150
Wildkräuter 170, 177, 178
Wirsing 182
Zander 176, 177
Zucchini 153

Sachregister

Agraffe 99
Apfelbrand 39, 84, 88, 176, 181, 192, 193, 195
Apfelessig 75, 149, 151, 169, 172, 177, 186
Apfelgeist 83, 84
Apfellikör 84, 171
Apfelperlwein 7, 97, 108, 124, 162, 169, 175
Apfelschaumwein 7, 28, 35, 38, 39, 56, 59, 60, 61, 66, 79, 95, 97 ff., 121 ff., 136, 140 f., 142, 144, 158, 165, 166, 171, 178, 195
Apfelsekt 21, 38, 45, 95, 97, 102, 105 ff., 124, 141, 169, 180, 193
Apfelsherry 7, 62, 66, 113 ff., 118, 144, 154, 184, 192
Apfelsorten 7, 23, 24, 28, 31 f., 41, 44, 51 f., 70, 74, 78
Apfelsüßwein 19, 113 ff.
Apfelwein selbst machen 48 f.
Apfelweineis 127
Apfelweinhörbuch 133
Apfelweinseife 131
Apfelweinsenf 129
Apfelweinsommelier 139 ff.
Apfelweinwelt 60 f.
Äppler 13, 17, 62, 63
Aromen 142
Bembel 7, 13 ff., 21, 62, 74
Cider 17 ff., 59, 61, 97, 114
Cidre 7, 19, 21, 28, 38, 44 f., 59, 60, 73, 92, 131, 144, 148, 150
Cuvée 7, 11, 17, 21, 28, 45, 53, 60, 98, 102, 113, 124, 154, 170
Cyder 61
Degorgieren 78, 98
Degustieren 145
Dosage 78
Ebbelwoi 36, 59, 62, 63, 102, 118, 129, 131, 192
Eisapfelwein 7, 62, 66, 84, 144, 177, 192
Fränkische Moststraße 79
Gärung 27, 45, 48 f., 53, 56, 62, 74, 78, 92, 93, 98, 114, 118, 119, 123, 124
Geripptes 13, 21, 74
Hefe 7, 27, 48 f., 53, 56, 67, 74, 78, 84, 89, 92, 93, 114, 124, 136, 141, 142
Icecider 59, 66, 140, 144
Lagenrein 24, 52, 53, 56, 65
Most 7, 17 ff., 24, 33, 45, 48, 57, 60, 62, 65, 67, 70, 74, 78 f., 88, 91, 92, 108, 122, 136, 162
Naturschutz 23, 32, 93, 125
Primäraromatik 142
Sekundäraromatik 142
Sherryhefe 93
Sidra 7, 19, 59, 61, 145
Sortenrein 7, 11, 21, 31 ff., 39, 45, 53, 56, 60, 65, 70 f., 74, 78, 88, 98, 118, 119, 123, 135, 144, 145, 162, 174, 181, 186, 187, 192
Spontanvergärung 48, 56
Stöffche 7, 14, 21, 45, 51, 55, 57, 59, 60, 62, 84, 114, 127, 133, 140
Streuobstwiese 7, 18, 24, 28, 31 ff., 37 ff., 52, 60, 62, 70, 74, 77 ff., 84, 88, 91 ff., 97 ff., 114, 122 ff., 136, 192
Terroir 7, 24, 52, 53, 60, 135, 136, 140 f., 142
Tertiäraromatik 142
Versektung 95, 141
Viez 7, 24, 62, 73 ff., 136
Viezporz 74, 145
Viezstraße 75

Die Autoren stellen sich vor

Ingrid Schick ist Journalistin und Autorin. Als Ideengeberin und Chefredakteurin war sie lange Jahre für namhafte Gastro-Guides, Fachzeitschriften, Lifestyle- und Stadtmagazine tätig und schreibt zudem kulinarische Reiseführer, Fach- und Kochbücher sowie Trenddossiers für das Zukunftsinstitut Kelkheim und Wien. Fest verwurzelt in der Heimat und mit dem lokaltypischen Apfelwein aus Großvaters Keller aufgewachsen, ist sie beeindruckt von der Produktvielfalt und den geschmacklichen Nuancen des Apfelweins, aber auch von der Professionalität und Kreativität der neuen Apfelwinzer, die sie bei privaten und beruflichen Exkursionen entdeckte.

Angelika Zinzow, Fotografin, ist unter anderem für viele namhafte Magazine tätig und hat einige opulente Bildbände fotografiert. Den Schwerpunkt ihrer Arbeit bildet die Porträt- und Reportage-Fotografie. Zahlreiche Ausstellungen in Köln, Frankfurt, Berlin und Prag runden ihr berufliches Schaffen ab. Nach dem Abschluss ihres Design-Studiums in Darmstadt und einem zweijährigen Studienaufenthalt an der renommierten Academy of Performing Arts in Prag ist Angelika Zinzow seit 2009 Lehrbeauftragte an der Hochschule Mannheim.

IMPRESSUM

© 2011 Neuer Umschau Buchverlag GmbH, Neustadt an der Weinstraße

Alle Rechte der Verbreitung in deutscher Sprache, auch durch Film, Funk, Fernsehen, fotomechanische Wiedergabe, Tonträger jeder Art, auszugsweisen Nachdruck oder Einspeicherung und Rückgewinnung in Datenverarbeitungsanlagen aller Art, sind vorbehalten.

Alle Angaben und Ratschläge in diesem Buch sind von den Autoren und dem Verlag sorgfältig recherchiert und geprüft, dennoch kann eine Garantie nicht übernommen werden. Eine Haftung für Personen-, Sach- und Vermögensschäden ist ausgeschlossen.

Wir bedanken uns beim Frankfurter Design-Möbelhaus Kontrast (www.kontrast-moebel.de). Hier ist mit Unterstützung des Kontrast-Teams das Titelfoto entstanden. Ein herzliches Dankeschön auch an Günther Dächert, der das Foto der beiden Autorinnen (Seite 206) schoss.

Texte

Ingrid Schick, Frankfurt am Main

Fotografie

Angelika Zinzow, Frankfurt am Main
Mit Ausnahme der Bilder von Seite 16 (© most of apples, Bernd Gerstacker)

Lektorat

Vanessa Herzog, Neustadt an der Weinstraße

Satz und Herstellung

Janine Becker, Neustadt an der Weinstraße

Layout und Umschlaggestaltung

Tina Defaux, Neustadt an der Weinstraße

Reproduktion

posi.tiff media GmbH, Gerda Günther, Gelnhausen

Druck und Verarbeitung

NINO Druck GmbH, Neustadt an der Weinstraße

Printed in Germany
ISBN: 978-3-86528-721-2

Besuchen Sie uns im Internet
www.umschau-buchverlag.de

» … UND WENN MORGEN DIE WELT UNTERGEHT, WÜRDE ICH HEUTE DENNOCH EIN APFELBÄUMCHEN PFLANZEN … «

DR. PETER VAN NAHMEN FREI NACH MARTIN LUTHER